JOGOS E BRINCADEIRAS
NA EDUCAÇÃO INFANTIL

MARIA APARECIDA CÓRIA-SABINI
REGINA FERREIRA DE LUCENA

JOGOS E BRINCADEIRAS
NA EDUCAÇÃO INFANTIL

PAPIRUS EDITORA

Capa	Fernando Cornacchia
Foto de capa	Rennato Testa
Coordenação	Beatriz Marchesini
Copidesque	Maria Lúcia A. Maier
Diagramação	DPG Editora
Revisão	Lúcia Helena Lahoz Morelli, Maria Rita Barbosa Frezzarin e Taís Gasparetti

---

Dados Internacionais de Catalogação na Publicação (CIP)
(Câmara Brasileira do Livro, SP, Brasil)

Cória-Sabini, Maria Aparecida
   Jogos e brincadeiras na educação infantil/Maria Aparecida Cória-Sabini; Regina Ferreira de Lucena – 6ª ed. – Campinas, SP: Papirus, 2012. – (Coleção Papirus Educação)

Bibliografia.
ISBN 978-85-308-0747-4

1. Brincadeiras   2. Educação de crianças   3. Jogos educativos
I. Lucena, Regina Ferreira de. II. Título. III. Série.

12-03641   CDD-371.337

Índice para catálogo sistemático:

1. Brincadeiras e jogos: Educação infantil   371.337
2. Jogos e brincadeiras: Educação infantil   371.337

6ª Edição – 2012
10ª Reimpressão – 2019

Exceto no caso de citações, a grafia deste livro está atualizada segundo o Acordo Ortográfico da Língua Portuguesa adotado no Brasil a partir de 2009.

Proibida a reprodução total ou parcial da obra de acordo com a lei 9.610/98.
Editora afiliada à Associação Brasileira dos Direitos Reprográficos (ABDR).

DIREITOS RESERVADOS PARA A LÍNGUA PORTUGUESA:
© M.R. Cornacchia Editora Ltda. – Papirus Editora
R. Barata Ribeiro, 79, sala 316 – CEP 13023-030 – Vila Itapura
Fone/fax: (19) 3790-1300 – Campinas – São Paulo – Brasil
E-mail: editora@papirus.com.br – www.papirus.com.br

SUMÁRIO

INTRODUÇÃO 7

1. DESENVOLVIMENTO E APRENDIZAGEM
   EM SITUAÇÃO ESCOLAR 13

2. JOGOS E BRINCADEIRAS E O DESENVOLVIMENTO
   DA CRIANÇA 27

3. JOGOS E BRINCADEIRAS NA SITUAÇÃO ESCOLAR 39

4. DESCRIÇÃO DAS ATIVIDADES 53

REFERÊNCIAS BIBLIOGRÁFICAS 91

INTRODUÇÃO

Quando eu era criança, falava como criança, sentia como criança, pensava como criança; quando cheguei a ser homem, desisti das coisas próprias de criança.

I Epístola aos Coríntios, 13:11

Ao discutir o conceito de criança, Turner (1976) afirma que, em cada época, diferentes aspectos da infância foram enfatizados. O modo como as crianças são tratadas deriva, em grande parte, da forma como a infância é definida. Um dos aspectos discutidos pela autora refere-se aos processos por meio dos quais a criança adquire conhecimentos. As maiores controvérsias giram em torno dos determinantes desses processos. Dessas controvérsias resultaram as várias teorias do desenvolvimento cognitivo.

Uma abordagem teórica considera a criança como um organismo que cresce quase como uma planta, com a implicação de que contém, em si, a semente do adulto. Nesse caso, a tarefa dos pais e dos professores consiste apenas em fornecer o meio adequado para que essa semente possa florescer. Para outros teóricos, a criança traz em si, inicialmente, apenas um conjunto de reflexos. Tudo aquilo que ela virá a ser constituirá a expressão de sua história de condicionamento. Um terceiro ponto de vista considera que a criança é afetada pelo meio; no entanto, ela é capaz de determinar, até certo ponto, aqueles aspectos do meio aos quais responderá. A principal diferença entre esta concepção e as duas anteriores é que, neste caso, a criança é vista como uma parceira ativa em sua própria aprendizagem, e o professor deve respeitar suas características e suas formas de pensar.

Vygotsky (1989a) acrescenta mais um fator a essa discussão, ou seja, as condições históricas em que o desenvolvimento se processa, pois, em larga medida, o ambiente efetivo de qualquer organismo não se resume à situação objetiva na qual ele se encontra; pelo contrário, o meio é o produto de uma interação entre as características particulares de cada pessoa e as oportunidades oferecidas pela situação objetiva em que ela se encontra. Estas últimas, por sua vez, possuem elementos que se formaram ao longo da história da humanidade, constituindo o que é conhecido como cultura. Para o autor, portanto, o sistema funcional de aprendizado de uma criança não pode ser idêntico ao de outra, embora possa haver semelhanças no desempenho de ambas. Assim, o professor deve ter uma postura de investigador permanente sobre cada aluno. Não deve considerar a classe como um grupo unitário, homogêneo, mas deve observar os alunos individualmente, percebendo detalhes que possam servir de referencial para uma possível e estratégica intervenção. Para Vygotsky (1989a), as formas de intervenção do professor são fundamentais para o sucesso do ensino, embora muitas vezes ele não tenha uma compreensão abrangente dos processos subjacentes nem o domínio dos métodos e das técnicas mais eficazes para promover o crescimento intelectual da criança.

Para Cunha (1989), modificar o paradigma presente nas concepções escolares tem constituído um fator importante para a inserção da aprendizagem ativa, preconizada por Comenius desde o século XVII. Porém, isso não tem ocorrido como seria desejável. Analisando a prática de docentes da pré-escola, Cunha afirma que:

(...) dificilmente teremos hoje professores que tenham vivenciado experiências diferentes das que tentam construir. Eles procuram melhorar sua ação docente, mas sobre um paradigma que, *a priori*, contém um pressuposto da ação de ensinar. Para uma ação dialógica, transformadora, seria preciso deslocar para o aluno a produção do conhecimento. (*Op. cit.*, pp. 168-169)

Kramer (1991) e Kramer e Souza (1988) comentam que a preocupação de alfabetizar, na pré-escola, é muito grande. É comum, nas pré-escolas brasileiras, uma ênfase na *preparação para a prontidão*, ou seja, em preparar as crianças para a primeira série. Para as autoras, essa ênfase representa uma visão de concepção de criança como um futuro adulto. Além de ser uma desconsideração quanto à especificidade desse nível de ensino, passa a ser uma antecipação da perspectiva mais tradicional de educação do primeiro grau, uma vez que a preparação para a prontidão, baseada em treinamento e na aceleração ou compensação de carências das crianças de classes populares, pressupõe alunos passivos no processo de aprendizagem. Trabalhar o jogo, nesse contexto, seria resgatar o prazer de aprender, pois a criança, quando brinca, deixa refletir não só sua forma de pensar ou sentir mas também como ela está organizando a realidade.

Como professora de educação física, tenho trabalhado em pré-escolas e creches, em projetos que envolvem atividades recreativas. Durante muitos anos pude observar que os professores que atuam nessa modalidade de ensino preocupam-se apenas em instalar as habilidades que são pré-requisitos para a alfabetização. Para muitos desses profissionais, a aquisição de conhecimentos só se dá por meio de recepção passiva. O questionamento por parte das crianças, a livre movimentação, a interação com os colegas, os jogos não são utilizados como instrumentos para o aprender. O brincar é considerado como sinônimo de dispersão e, assim, não é utilizado como um procedimento valioso para a aprendizagem.

Em escolas públicas ou privadas, encontramos professores que trabalham o brincar de forma dispersa e apenas com o objetivo de recreação, sem um planejamento que integre essa atividade com as demais. Frequentemente ouvimos, desses professores, afirmações como: "Precisamos trabalhar muitas atividades calmantes, pois essas crianças são superagitadas, não param no lugar" e "Agora, quem sabe, ficam mais calmas". Caberia perguntar: calmas ou cansadas e exaustas? Neste caso, a recreação é vista como um meio para resolver o que eles chamam de energia acumulada. Para eles, quanto mais exercícios físicos as crianças fizerem, mais energia será gasta.

Essa mesma opinião é manifestada por Dias (1996), que comenta:

> Quem trabalha com educação no Brasil, principalmente com a educação de crianças pequenas, depara com um problema crucial (além de todos os relacionados ao descaso econômico-material): o resgate do conhecimento estético-sensorial expressivo, verbal e não-verbal, para energizar e se contrapor ao ensino pseudo-racional que desrespeita a construção do conhecimento e da alfabetização como leitura significativa do mundo, que dicotomiza pensamento e sonho, trabalho e jogo, razão e sentimento-sensualidade, e impõe autoritariamente um modelo de relação passiva, alienante e medíocre com o mundo. (pp. 45-46)

O trabalho com jogos, com brincadeiras e com linguagens artísticas pode ser um caminho para a construção do conhecimento da criança na fase pré-escolar. É preciso resgatar os jogos simbólicos, os jogos regrados, as atividades de recreação etc., tanto com suas manifestações verbais como não verbais, para que a linguagem verbal e socializada possa se transformar em um verdadeiro instrumento do pensamento.

De acordo com o *Referencial curricular nacional para a educação infantil* (Brasil 1998), as atividades de caráter lúdico, ao permitirem uma certa mobilidade à criança, podem ser eficazes também do ponto de vista da ordem, sem, contudo, limitarem as possibilidades de expressão da criança ou tolherem suas iniciativas próprias.

> (...) um grupo disciplinado não é aquele em que todos se mantêm quietos e calados, mas sim um grupo em que os vários elementos se encontram envolvidos e mobilizados pelas atividades propostas. Os deslocamentos, as conversas e as brincadeiras resultantes desse envolvimento não podem ser entendidos como dispersão ou desordem, mas sim como uma manifestação natural da criança. (vol. 3, p. 19)

Acredito que é possível unir movimento com conhecimento e que a recreação pode ser uma grande colaboradora no desenvolvimento e no aprofundamento dos conteúdos de sala de aula, em que a criança não sinta as atividades escolares como tarefas impostas pelo professor.

Campos (1994) argumenta que a educação de crianças pequenas inclui todas as atividades ligadas à proteção e ao apoio necessários ao cotidiano de qualquer criança, como também a aquisição de diversos tipos de habilidades, entre as quais estão aquelas necessárias ao desenvolvimento cognitivo, afetivo e social.

> E, no caso da educação infantil brasileira, tem sido importante a denúncia não só da necessidade de a creche assumir sua função educativa, como também de a pré-escola (...) estar atenta a outros aspectos da criança e de seu desenvolvimento que têm sido minimizados ou mesmo desconsiderados por ela. Nesse sentido, tem profundas repercussões a afirmação de que os cuidados com a saúde, a proteção quanto a perigos físicos, as relações afetivas estáveis, a compreensão e o apoio, a aquisição de diversos tipos de habilidades estão entre as muitas necessidades de todas as crianças, independente da classe social à qual pertencem. (p. 134)

O livro apresenta um projeto por meio do qual jogos e brincadeiras, envolvendo conceitos e habilidades que são comumente trabalhados com crianças de nível pré-escolar, devem ser desenvolvidos de forma integrada, tanto em situação de recreação (no pátio) como em sala de aula.

O texto é composto de quatro capítulos. O primeiro, "Desenvolvimento e aprendizagem em situação escolar", analisa a relação entre desenvolvimento e aprendizagem, mostrando que a interface entre os dois processos não ocorre de forma linear. No segundo capítulo, "Jogos e brincadeiras e o desenvolvimento da criança", são apresentadas teorias que discutem o papel do brinquedo no desenvolvimento infantil, mostrando a importância desse tipo de atividade para as crianças, sobretudo para aquelas em idade pré-escolar. O terceiro capítulo, "Jogos e brincadeiras na situação escolar", aborda a utilização de situações lúdicas, principalmente na pré-escola, e discute o efeito facilitador dos jogos e das brincadeiras na alfabetização e na aprendizagem da matemática. No quarto capítulo, "Descrição das atividades", são apresentadas as atividades de recreação integradas às atividades de sala de aula, envolvendo conceitos e noções que são comumente trabalhados com crianças que frequentam a pré-escola.

1
DESENVOLVIMENTO E APRENDIZAGEM EM SITUAÇÃO ESCOLAR

O que as crianças aprendem através da manipulação ativa do meio é, nem mais nem menos, a capacidade de pensar.

Elkind 1964, p. 64

De acordo com Cória-Sabini (1998), aprendizagem, em sentido amplo, pode ser definida como a aquisição de habilidades, hábitos, preferências, ou seja, a aquisição de padrões de desempenhos em resposta aos desafios ambientais. Na sua trajetória de vida, ao enfrentar esses desafios, cada pessoa, à sua maneira e no seu tempo, dá sentido à sua vida e cria sua própria história. Essa história, por sua vez, torna-se geradora de valores, normas, padrões de comportamento que só têm sentido se considerarmos o contexto cultural do indivíduo.

Por estar ligada às questões do conhecimento, a aprendizagem – principalmente em situação escolar – tem sido um dos temas favoritos de teóricos e pesquisadores. Na situação escolar, a aprendizagem pode ser definida como a apropriação do saber histórica e socialmente produzido. Durante o processo de aprendizagem, o aluno parte de seus próprios significados e generalizações e decodifica as informações recebidas, generalizando-as e aplicando-as a novas situações.

De acordo com Monteiro (1996), as teorias psicológicas começaram a buscar mecanismos e explicações de certos aspectos do conhecimento, tais como: percepção, inteligência, memória, atenção etc. Nesse contexto, a aprendizagem foi estudada com o objetivo de compreender como ocorre a construção do conhecimento. Essencialmente, as diferenças teóricas entre os vários estudos focalizaram a questão: O conhecimento é estabelecido a partir de uma relação dinâmica entre o sujeito e o objeto do conhecimento ou o conhecimento é adquirido exclusivamente por condicionamento?

Arendt (1996) afirma:

> Se quiséssemos buscar um fio condutor que alinhavasse as discussões teóricas no âmbito dos processos cognitivos, diríamos que, em geral, os modelos conceituais neste campo expressam uma certa relação entre o biológico e o social. As concepções de desenvolvimento sempre formulam uma determinada combinação entre componentes hereditários e sua modificação pela aprendizagem. As abordagens se diferenciam na ênfase dada às estruturas inatas que o sujeito traria consigo em seu patrimônio genético, ou à construção de estruturas cognitivas, a ser efetuada pelo sujeito conhecedor. (p. 231)

No caso das teorias do condicionamento, nada haveria na mente se não tivesse passado antes pelos sentidos. A preocupação maior era descrever unidades elementares e, com base nelas, chegar a associações cada vez mais complexas. A inteligência, nesse caso, era considerada como fruto de associações entre elementos (estímulos e respostas).

Para outros autores, ao contrário, a percepção, a inteligência e outros processos mentais superiores não eram considerados como resultantes da soma de sensações, mas eram fruto da organização de relações em que o todo apresenta qualidades que não se confundem com aquelas dos seus elementos componentes. Nesse caso, o conhecimento ocorreria por um processo de construção em que o sujeito teria uma participação ativa.

Dois teóricos se destacaram como defensores dessa segunda posição: Piaget e Vygotsky.

O pensamento de Piaget

Piaget (1975) afirma que, ao aprender, o indivíduo não tem um papel passivo perante as influências do meio; pelo contrário, procura adaptar-se a elas com uma atividade organizadora; assim, os estímulos não são percebidos tais como são apresentados, mas são interpretados por ele. Antes mesmo de fornecer a resposta, o indivíduo percebe e interpreta esses estímulos, intervindo necessariamente em sua qualificação.

> (...) a origem do conhecimento não está somente no objeto nem no sujeito, mas antes numa interação indissociável entre os dois, de tal modo que aquilo que é dado fisicamente é integrado numa estrutura lógico-matemática implicando a coordenação das ações do sujeito. (p. 75)

Com isso, Piaget rejeita a ideia de que a relação entre estímulo e resposta seja realizada por um processo de mera associação, como defendem os teóricos do condicionamento. Para ele, a aprendizagem consiste numa construção de novas coordenações por diferenciação dos esquemas mentais anteriores e isso segundo um processo circular, de modo que, para aprender uma estrutura lógica, é necessário utilizar outras que conduzam a ela ou que a impliquem. Nesse sentido, "a aprendizagem é um processo adaptativo se desenvolvendo no tempo, em função das respostas dadas pelo sujeito a um conjunto de estímulos anteriores e atuais" (Piaget 1974, p. 40). Sendo assim, o desenvolvimento é um fator condicionante da aprendizagem.

> O desenvolvimento mental da criança surge, em síntese, como sucessão de três grandes construções; cada uma das quais prolonga a anterior reconstruindo-a primeiro num plano novo para ultrapassá-la em seguida, cada vez mais amplamente... Essa integração de estruturas sucessivas, cada uma das quais conduz à construção da seguinte, permite dividir o desenvolvimento em grandes períodos ou estádios e em subperíodos ou subestádios (...). (Piaget e Inhelder 1973, p. 131)

Piaget e Inhelder (1973) afirmam que quatro fatores são responsáveis pelo desenvolvimento: a maturação, a experiência, as interações e transmissões sociais e a equilibração.

Ao discutirem o primeiro fator – a maturação –, os autores apontam que ainda não se conhece o suficiente para saber com precisão quais as condições de maturação que possibilitam a constituição das grandes estruturas operatórias. No entanto, eles acreditam que uma das funções da maturação é abrir possibilidades novas e, nesse sentido, ela é uma condição necessária para o aparecimento de certas condutas, sem, contudo, ser suficiente, pois continua sendo indispensável que as possibilidades abertas se realizem por meio da experiência.

Piaget e Inhelder mostram que existem dois tipos de experiência: aquela física, que consiste em agir sobre os objetos para deles abstrair as propriedades fundamentais (forma, dimensões, cores etc.) e aquela lógico-matemática, que consiste em estabelecer relações entre os objetos e assim poder compará-los, estabelecendo o conhecimento relacional.

O terceiro fator fundamental, mas também insuficiente por si só, é o das interações e transmissões sociais, que permitem uma certa estruturação do conhecimento, para a qual o indivíduo tanto contribui como recebe contribuições dos outros elementos da sociedade. Com o aparecimento da linguagem, ocorrem as primeiras representações da criança, quando ela se torna capaz de evocar objetos ausentes. Isso pode ser observado em certas situações privilegiadas, como o brinquedo e a imitação diferenciada. Nessas situações, os modelos evocados (conceitos) se prendem às experiências vividas pela criança (*pré-conceitos* ou conceitos práticos), porém pode-se notar que ela já é capaz de associar características definidoras a certos objetos. A cada etapa do desenvolvimento, os conceitos se tornam mais abrangentes até atingirem, na etapa final, o nível de conceitos científicos.

A ação social é ineficaz sem uma assimilação ativa da criança, o que supõe instrumentos cognitivos adequados para a absorção da influência social. Assim, o desenvolvimento da criança não é resultante de um plano preestabelecido; pelo contrário, é uma construção progressiva em que cada inovação só se torna possível em razão de conhecimentos precedentes, ao mesmo tempo em que abre possibilidades para novas construções e reformulações. Segundo os autores, existe uma

> (...) dialética viva e vivida dos sujeitos que se acham às voltas, em cada geração, com problemas incessantemente renovados, para redundar às vezes, afinal de contas, em soluções que podem ser um pouquinho melhores do que as das gerações precedentes. (Piaget e Inhelder 1973, p. 136)

O quarto fator – a equilibração – é a autorregulação, não no sentido de um simples equilíbrio de forças, mas de uma sequência de compensações ativas do sujeito em resposta às perturbações exteriores e "de regulagem ao mesmo tempo retroativa (sistema de anéis ou *feedbacks*) e antecipadora, que constitui assim um sistema permanente de tais compensações" (Piaget e Inhelder 1973, p. 134). A equilibração, como autorregulação, foi destacada por várias teorias psicológicas, embora com nomes diferentes, como fator conciliador entre as contribuições da maturação e da experiência.

Os autores chamam a atenção, ainda, para o fato de que, embora os quatro fatores sejam importantes para explicar a evolução intelectual e cognitiva da criança, é preciso considerar a afetividade e a motivação. Para eles, não existe nenhuma conduta, por mais intelectual que seja, que não comporte fatores afetivos, da mesma forma que não poderia haver estados afetivos sem a intervenção de percepções ou compreensão. Os dois aspectos, afetivo e cognitivo, são ao mesmo tempo inseparáveis e irredutíveis.

Ao tratar do ensino, Piaget (1975) critica os métodos tradicionais. O uso quase exclusivo que a didática tradicional faz da linguagem, na ação que exerce sobre o aluno, está fundamentado na noção de que a criança elabora seus conceitos da mesma maneira que os adultos e que é capaz de absorvê-los da forma como são transmitidos. Aquilo que o professor transmite geralmente fica sem ser compreendido pela criança e não se torna, assim, um instrumento útil que possa ser aplicado em diferentes situações, fora da sala de aula.

O autor defende o método ativo de ensino, isto é, aquele que sabe estabelecer um diálogo com as características do pensamento da criança, tomando-as como ponto de partida para a apropriação de novos conceitos.

A sala de aula deve ser um espaço aberto onde a cooperação se torne a tônica nas relações entre o professor e o aluno. Este último deve ter a liberdade para levantar hipóteses e colocá-las à prova. Informações que não são obtidas por meio de atividades realizadas pelo aluno, com plena liberdade de iniciativa, deixam de ser formadoras para se tornarem simples adestramento.

As atividades de ensino devem ser organizadas com o intuito de estabelecer um desafio e um convite ao raciocínio. Para isso, elas devem ser ancoradas nos conceitos já conhecidos pelas crianças, porém devem ter um nível que exija a reorganização do aprendido e a apropriação de conceitos novos.

> Se o pensamento da criança é qualitativamente diferente do nosso, o objetivo principal da educação é compor a razão intelectual e moral: como não se pode moldá-la de fora, a questão é encontrar o meio e os métodos convenientes para ajudar a criança a construí-la ela mesma, isto é, alcançar, no plano intelectual, a coerência e a objetividade e, no plano moral, a reciprocidade. (Piaget 1978, p. 161)

Em conclusão, para Piaget, o princípio fundamental dos métodos ativos propostos por ele diz que compreender é inventar ou reconstruir por invenção. De acordo com Garms (1998), ao oferecer a imagem de uma criança criativa, ativa e construtora de seus próprios conhecimentos, Piaget ofereceu uma possibilidade de repensar a educação, que durante muito tempo ficou restrita à transmissão direta de informações, baseada fundamentalmente na linguagem oral, concebendo a aprendizagem como um armazenamento ou uma reprodução dos conteúdos ensinados.

Castorina (1988), ao discutir o papel do conflito na atividade cognitiva e sua importância para a aprendizagem, ressalta alguns pontos que devem ser levados em conta no trabalho do professor. Em primeiro lugar, os conflitos ou desequilíbrios são desdobramentos do processo construtivo do conhecimento, mas não são suficientes para atingir um novo patamar, em que as dificuldades são superadas.

Em segundo lugar, as situações problemáticas criadas pelo professor só se tornam significativas para o aluno se a criança for capaz de assimilá-las dentro de seus esquemas mentais. A crença de que o bombardeio de situações conflitantes seja eficaz parece ignorar a necessidade de momentos de consolidação das soluções nascidas dessas situações, para que possam ser aplicadas em outras condições e assim se tornarem um elemento útil da cognição. A interferência do professor pode suscitar uma intensa atividade por parte da criança, não só nos momentos da realização das tarefas propostas, quando a criança está modificando substancialmente seu pensamento, mas também durante a fase de vigência desses instrumentos cognitivos criados com base nessas tarefas, instrumentos esses que, por sua vez, também mais tarde, entrarão em crise e serão superados.

Em terceiro lugar, Castorina enfatiza a valorização pedagógica daquilo que é válido para a criança. Em todos os níveis de desenvolvimento, o aluno faz perguntas a si mesmo sobre diversas questões e formula hipóteses, estabelecendo muitas vezes conexões criativas entre as coisas. Por isso, em vez de tentar direcionar o raciocínio dos alunos, para induzi-los necessariamente ao acerto, parece ser mais significativo suscitar interrogações, aceitando os pontos de vista das crianças por mais errôneos que sejam.

Em quarto lugar, o autor ressalta que é importante associar os conhecimentos à cultura e ao meio social dos estudantes e que não devem ser utilizadas situações descontextualizadas para desafiar os alunos. Os fatores externos participam da formação das crianças ao tornarem significativos os problemas propostos pelo professor. Assim, esses problemas, em vez de serem um mero objeto a conhecer, tornam-se instrumentos de análise da própria vivência dos alunos. Nesse caso, cabe ao professor renunciar ao controle da aprendizagem, como geralmente é feito por meio de conhecimentos pontuais que acabam sendo cobrados nas avaliações. A interferência pedagógica deveria ser mais indireta e suscitar as reformulações conceituais que não podem ser avaliadas na forma de provas tradicionais. Em resumo, o autor mostra que, para que o aluno sinta a alegria de perceber que está progredindo, o aspecto qualitativo da aprendizagem deve ser mais explorado que o quantitativo, embora este último não deva ser abandonado.

Castro (1983) também defende que os conteúdos a serem trabalhados pela escola (fatos, eventos ou sequências) não devem ser predeterminados pelo professor, mas devem ser buscados no meio em que a escola está inserida e nas experiências que os alunos trazem ao entrar nela. A escola deve transformar-se num ambiente social no qual as oportunidades de interação entre as crianças, e entre elas e os adultos, possam permitir a gradual construção de conhecimentos que conduzam à autonomia pessoal e à cooperação social.

O pensamento de Vygotsky

Para Vygotsky (1989a), o desenvolvimento da atividade intelectual ocorre com a participação ativa da linguagem. Inicialmente ela tem o caráter de comunicação da criança com as pessoas que a cercam, assumindo posteriormente a função de meio para ajudá-la a orientar-se nas situações e a planejar atividades. A partir do momento em que a realidade é substituída por signos e símbolos, a vida mental se inicia e o indivíduo passa a modificar ativamente a situação estimuladora. Nas funções elementares, o comportamento é diretamente determinado pela estimulação ambiental; nas funções superiores, ele é essencialmente autogerado.

A história do comportamento da criança nasce do entrelaçamento de processos elementares (de origem biológica) e das funções psicológicas superiores (de origem cultural). Toda forma elementar de comportamento pressupõe uma resposta a uma situação estimuladora, representada pela fórmula S-R. Por outro lado, as operações com signos envolvem um elo intermediário entre o estímulo e resposta, criando uma nova relação: S-signo-R. O signo torna-se, assim, um estímulo auxiliar que possui a função específica de tornar possível o controle do comportamento pelo próprio ser humano. O indivíduo passa a estar ativamente engajado no processo de pensar, aparecendo formas qualitativamente novas e superiores de operações mentais; estas, por sua vez, estão enraizadas na cultura.

Antes da aquisição da fala, a criança está presa ao imediatismo da percepção. Com a fala, ela organiza o campo visual como também o campo temporal. Graças à fala, o mundo passa a ser percebido não só através dos olhos, mas também pela linguagem. Como resultado, o imediatismo da percepção é suplantado por um processo de mediação e o mundo passa a ser visto como algo que tem sentido e significado, e não apenas como cor e forma. Graças a isso, a criança torna-se capaz de refletir com eventos do passado, do presente e do futuro, numa relação dinâmica. Portanto, o momento de maior significado para o desenvolvimento intelectual, e que dá origem à forma puramente humana da inteligência, acontece quando a fala é internalizada. Ao adquirir a função intrapessoal, além do uso interpessoal, a relação da criança com o mundo modifica-se completamente. As funções cognitivas e comunicativas da linguagem formam a base de uma atividade nova e superior.

Vygotsky introduz, na discussão do desenvolvimento cognitivo, a questão da mediação. As funções psíquicas superiores são processos mediados e o signo é o meio básico para dominar e dirigir essas funções; isso ocorre graças a um processo de internalização.

Esse processo, segundo o autor, passa por uma série de transformações:

a) uma operação que inicialmente representa uma atividade externa é reconstruída e começa a ocorrer internamente (...);

b) um processo interpessoal é transformado num processo intrapessoal. Todas as funções no desenvolvimento da criança aparecem duas vezes; primeiro, entre pessoas (interpsicológica) e depois no interior de cada criança (intrapsicológica) (...);

c) a transformação de um processo interpessoal num processo intrapessoal é o resultado de uma longa série de eventos ocorridos ao longo do desenvolvimento. O processo, sendo transformado, continua a existir e a mudar como uma forma externa de atividade por um longo período de tempo, antes de internalizar-se definitivamente. Para muitas funções, o estágio de signos externos dura para sempre (...). Outras funções vão além do seu desenvolvimento, tornando-se gradualmente funções interiores. (...)

A internalização das atividades socialmente enraizadas e historicamente desenvolvidas constitui o aspecto característico da psicologia humana. (Vygotsky 1989a, pp. 64-65)

De acordo com Luria (1979), Vygotsky foi o primeiro a lançar a tese de que o homem reflete o mundo e toma consciência dele de diferentes modos a cada etapa do desenvolvimento, baseando-se nos significados das palavras. A tese defendida por Vygotsky é a de que, nas etapas sucessivas do desenvolvimento, a consciência do homem é realizada por conceitos que têm

> estrutura semântica (direto-figurada ou lógico-verbal) e por uma correlação diferente de processos psíquicos (percepções, memorizações, pensamento verbal abstrato), correlação essa que muda nas diferentes etapas do desenvolvimento intelectual da criança. (Luria 1979, p. 38)

Há conceitos (como cadeira, mesa, pão etc.) que são assimilados por um processo de experiência prática e neles as relações direto-figuradas são predominantes. A criança tem uma noção prática do que significa cada um dos conceitos e a palavra evoca nela a imagem da situação prática em que ela esteve em contato com o objeto. Embora a criança conheça bem o conteúdo desses conceitos, ela não consegue formulá-los ou defini-los verbalmente. Os conceitos lógico-verbais são inteiramente distintos, pois se incorporam à consciência da criança como resultado da aprendizagem mediada (pelo professor ou pelo adulto). Esses conceitos, comumente chamados de científicos, são primeiramente utilizados verbalmente, para depois, bem mais tarde, poderem ser definidos pela criança com base em um conteúdo válido.

Os significados das palavras encobrem diferentes formas de generalizações e diferentes processos psicológicos e, consequentemente, evoluem de acordo com o desenvolvimento mental.

Ao discutir a relação entre aprendizagem e desenvolvimento, Vygotsky (1989a) critica três posições que a discutem. A primeira é aquela centrada no pressuposto de que o processo de desenvolvimento é um pré-requisito para a aprendizagem. Se as funções mentais de uma criança não estiverem amadurecidas, ela não será capaz de aprender um assunto particular e nenhuma instrução se mostrará útil. Nesse caso, a aprendizagem é considerada um processo puramente externo que avança à medida que o curso do desenvolvimento da criança cria condições para a absorção de novos estímulos, em graus de complexidade gradativamente maiores. A segunda posição postula que aprendizagem e desenvolvimento se confundem. O processo de aprendizagem se reduz à aquisição de respostas que vão substituindo as respostas inatas e que se tornam cada vez mais complexas à medida que a história de desenvolvimento da criança avança. A terceira posição tenta conciliar as duas anteriores, ou seja, considera que o desenvolvimento está baseado em dois processos inerentemente diferentes, embora relacionados, cada um influenciando o outro. De um lado, a maturação, que depende exclusivamente do desenvolvimento do sistema nervoso, e, de outro, a aprendizagem, que é, em si mesma, também um processo de desenvolvimento, na medida em que evolui de acordo com a complexidade das relações da criança com o mundo, as quais, por sua vez, supõem o processo de maturação. Para Vygotsky (1989a), a aprendizagem e o desenvolvimento estão inter-relacionados desde o primeiro dia da vida da criança:

> O aprendizado não é desenvolvimento; entretanto, o aprendizado adequadamente organizado resulta em desenvolvimento mental e põe em movimento vários processos de desenvolvimento que, de outra forma, seriam impossíveis de acontecer. Assim, o aprendizado é um aspecto necessário e universal do processo de desenvolvimento das funções psicológicas culturalmente organizadas e especificamente humanas. (p. 101)

O autor diferencia a aprendizagem escolar daquela espontânea, que ocorre nas experiências do dia a dia. A aprendizagem na escola é sistematizada e trabalha com conceitos científicos. Cada assunto tratado na escola tem sua própria relação específica no curso do desenvolvimento da criança, relação essa que varia à medida que uma criança passa de um estágio para outro. Para explicar essa passagem entre estágios, Vygotsky (1989a) criou o conceito de *zona de desenvolvimento proximal*, definida como

(...) a distância entre o nível de desenvolvimento real, que se costuma determinar através da solução independente de problemas, e o nível de desenvolvimento potencial, determinado através da solução de problemas sob orientação de um adulto ou em colaboração com os companheiros mais capazes. (p. 97)

Para ele, o nível de desenvolvimento real caracteriza o desenvolvimento de forma retrospectiva e define as funções que já amadureceram ou os produtos finais do desenvolvimento, enquanto a zona de desenvolvimento proximal caracteriza o desenvolvimento mental de forma prospectiva. Partindo dos processos que estão no estado de formação, ou seja, que estão começando a se desenvolver ou amadurecer, é possível delinear o crescimento potencial imediato da criança. A aprendizagem voltada para os níveis já atingidos é ineficaz do ponto de vista do desenvolvimento global do aluno, pois não se dirige para criar um novo nível mais avançado, ao passo que a aprendizagem voltada para a zona de desenvolvimento proximal produz, como resultado, um avanço no desenvolvimento mental.

Nesse sentido, é importante que o professor procure identificar o nível de desenvolvimento da criança, pois o ensino formal representa o meio pelo qual o desenvolvimento se processa. Os métodos devem estar de acordo com o contexto histórico-cultural dos alunos, possibilitando a combinação de seus conceitos espontâneos (aqueles que têm como base o convívio social) com os conceitos introduzidos pelo professor na situação de instrução (conceitos científicos).

Para Vygotsky (1989b), os conceitos espontâneos e os científicos se desenvolvem em direções opostas. Enquanto os primeiros são ascendentes, o desenvolvimento dos segundos é descendente. Os conceitos espontâneos têm origem no confronto com situações concretas, ao passo que os científicos envolvem, desde o início, uma atitude mediada em relação ao seu objeto, pois começam com uma definição verbal para depois serem aplicados a situações concretas.

Embora os conceitos espontâneos e científicos se desenvolvam de formas opostas, os dois processos estão intimamente relacionados. É preciso que a criança tenha alcançado um certo nível de desenvolvimento dos conceitos espontâneos para poder compreender um conceito científico. Por exemplo, os conceitos históricos só podem começar a se desenvolver quando a criança atingir um conceito espontâneo de passado suficientemente diferenciado quanto à sua própria vida e àquela dos que a cercam, para poder adaptar-se à generalização exigida pela linha do tempo na qual os conceitos históricos são fundamentados. Ao forçar sua lenta trajetória para cima, o conceito espontâneo abre caminho para o científico e para o seu desenvolvimento descendente. Os conceitos científicos, por sua vez, fornecem as estruturas para o desenvolvimento ascendente dos espontâneos e para seu uso deliberado. O papel central da escola é, pois, mediar o desenvolvimento dos conceitos científicos, criando, assim, uma nova relação entre o sujeito e o ambiente social que o cerca.

Para Vygotsky (1989a), cada conteúdo escolar tem uma relação específica com o desenvolvimento mental da criança. Essa relação se altera com a passagem de uma etapa para outra, o que permite diferenciar estágios no desenvolvimento dos conteúdos (matemática, língua escrita, desenho etc.). A aprendizagem de qualquer conteúdo escolar tem início muito antes de a criança entrar na escola. A escola desempenhará bem o seu papel à medida que, partindo daquilo que a criança já sabe, for capaz de ampliar e desafiar a construção de novos conhecimentos. É importante que ela não se restrinja à transmissão de conteúdos, mas sim que ensine os alunos a pensar e ensine formas de acesso ao conhecimento elaborado historicamente, e de sua apropriação, a fim de que possam usá-lo ao longo de suas vidas.

De acordo com a perspectiva vygotskiana,

(...) o principal papel da escolarização é criar contextos sociais (zonas de desenvolvimento proximal) para o domínio e o manejo consciente dos usos dos instrumentos culturais. É por meio do domínio dessas tecnologias de representação e comunicação que os indivíduos adquirem a capacidade e os meios para a atividade intelectual de ordem superior. (Moll 1996, p. 13)

Leontiev (1988) coloca que para estudar o desenvolvimento infantil é preciso analisar o desenvolvimento das atividades da criança e como elas são construídas nas condições concretas de vida. O papel da educação é criar e operar atividades com base naquilo que a criança traz, como ponto de partida a ser superado. O autor criou o conceito de *atividade principal*, que tem as seguintes características:

1. Ela é uma atividade em cuja forma surgem outros tipos de atividade e dentro da qual eles são diferenciados. Por exemplo, a instrução no sentido mais estrito do termo, que se desenvolve em primeiro lugar já na infância pré-escolar, surge inicialmente no brinquedo, isto é, precisamente na atividade principal deste estágio de desenvolvimento. A criança começa a aprender de brincadeira.

2. A atividade principal é aquela na qual os processos psíquicos particulares tomam forma ou são organizados. (...) Os processos de observação e generalização das cores, por exemplo, não são moldados, durante a infância pré-escolar, no próprio brinquedo, mas no desenho, nos trabalhos de aplicação de cores, etc., isto é, em formas de atividades que só estão associadas à atividade lúdica em suas origens.

3. A atividade principal é uma atividade da qual dependem, de forma íntima, as principais mudanças psicológicas na personalidade infantil, observadas em certo período de desenvolvimento. (p. 64)

Para o autor, portanto, a atividade principal é aquela que governa as mudanças mais importantes nos processos cognitivos em um certo estágio do desenvolvimento. Porém, o desenvolvimento não segue uma sequência padronizada; as condições concretas exercem influência tanto sobre o conteúdo de um estágio individual de desenvolvimento como sobre o curso total do processo de desenvolvimento.

2
JOGOS E BRINCADEIRAS E O DESENVOLVIMENTO DA CRIANÇA

> *Toda criança brinca porque gosta. Para as que ainda não falam, brincar é uma forma de expressar o que estão sentindo, suas experiências e vivências interiores. Brincar, para a criança, é tão vital quanto comer e dormir.*
>
> Pagani 2003, p. 12

A infância é a idade das brincadeiras. Por meio delas, as crianças satisfazem grande parte de seus desejos e interesses particulares. "O aprendizado da brincadeira, pela criança, propicia a liberação de energias, a expansão da criatividade, fortalece a sociabilidade e estimula a liberdade do desempenho" (Garcia e Marques 1990, p. 11).

De acordo com as autoras, a palavra brincar não se relaciona apenas às atividades da criança, pois em todas as idades as pessoas brincam. Também os jogos estão presentes em todas as faixas etárias, embora as crianças os pratiquem de forma mais frequente e com mais liberdade.

Quando as crianças brincam, observa-se a satisfação que elas experimentam ao participar das atividades. Sinais de alegria, risos, certa excitação são componentes desse prazer, embora a contribuição do brincar vá bem mais além de impulsos parciais. A criança consegue conjugar seu mundo de fantasia com a realidade, transitando, livremente, de uma situação a outra. Há uma ação psicofísica na consecução dos objetivos: no ato de brincar, a criança propõe-se a fazer algo e procura cumprir sua proposição (Garcia e Marques 1990, p. 11).

Segundo elas, o significado da atividade lúdica na vida da criança pode ser compreendido melhor considerando os seguintes aspectos:

- preparação para a vida;
- liberdade de ação;
- prazer obtido;
- possibilidade de repetição das experiências;
- realização simbólica dos desejos.

Considerando a abrangência desses aspectos, as atividades lúdicas infantis oferecem uma fonte para estudos em diferentes direções: do ponto de vista sociológico, da perspectiva psicológica, numa abordagem antropológica. Na abordagem sociológica, os aspectos analisados nas brincadeiras são: o processo de socialização infantil, a interação entre as crianças, as formas de participação de cada elemento, o desempenho de papéis, o nível de aceitação de cada participante do grupo lúdico, as atitudes e os preconceitos, o surgimento de lideranças, entre outros. Na abordagem psicológica, as brincadeiras são analisadas de acordo com o significado dos objetos e das ações para cada criança, das expectativas, do grau de esforço realizado para que as ações sejam valorizadas pelo grupo, dos papéis desempenhados e de como são desempenhados etc. Na abordagem antropológica, procura-se acompanhar a trajetória dos jogos infantis em relação às influências étnicas, à zona de dispersão, às variações que ocorreram em virtude de tempos e espaços etc. Tais enfoques combinam as brincadeiras, relacionando-as a inúmeros aspectos: recreação, desenvolvimento de habilidades sociais, projeções psíquicas, contribuição para o desenvolvimento físico e mental da criança. Por isso, todas as abordagens são válidas, pois ampliam os conhecimentos e a compreensão da criança e de seu contexto.

Huizinga (1980) analisa o jogo como um fenômeno cultural e mostra que certos rituais praticados pelo homem têm um caráter lúdico, mesmo que inicialmente não tivessem surgido com essa finalidade. Por exemplo, o esporte da caça inicialmente surgiu como uma atividade de sobrevivência e, aos poucos, foi se transformando em uma atividade lúdica, preservando, porém, as regras e os comportamentos originais. Ao tentar descrever o jogo, o autor analisa suas características principais:

> O jogo é uma atividade ou ocupação voluntária, exercida dentro de certos e determinados limites de tempo e de espaço, segundo certas regras livremente consentidas, mas absolutamente obrigatórias, dotado de fim em si mesmo, acompanhado de um sentimento de tensão e alegria e de uma consciência de ser diferente da vida cotidiana. (p. 33)

Partindo dessa definição, pode-se considerar que a primeira característica fundamental do jogo apontada por Huizinga é a de ser uma atividade livre; a segunda é a de ser uma atividade que permite evadir da vida real para uma esfera com orientação própria; a terceira é a existência de regras, embora com duração e espaço limitados. Por permitir, ao indivíduo, transportar-se para um espaço distinto da vida cotidiana, colocando-o no mundo da representação, o jogo dá uma certa liberdade e um alívio de tensão, possibilitando que os participantes sejam envolvidos em uma espécie de magia que faz com que as pessoas fiquem na situação, mantendo a atenção fortemente centralizada nas atividades previstas pelo jogo.

O autor comenta, ainda, que certos jogos, que surgiram com base em atividades cotidianas, foram transmitidos de geração para geração como algo valioso; essa permanência faz com que ele considere o jogo como um fenômeno que pode ser analisado como um dos elementos para buscar a compreensão de certos aspectos da cultura, tais como o folclore, a poesia, a filosofia etc. Para ele, uma verdadeira civilização não pode existir sem um certo elemento lúdico que tenha, como sua própria essência, a presença de elementos não materiais. "De certo modo, a civilização sempre será um jogo governado por regras, e a verdadeira civilização sempre exigirá o espírito esportivo, a capacidade de *fair play*. O *fair play* é simplesmente a boa-fé expressa em termos lúdicos" (p. 234).

Para Kishimoto (1996), tentar definir o jogo não é uma tarefa fácil. Pode-se falar em jogos de adultos, como xadrez, futebol, dominó, jogos de baralho etc., como também em jogos de crianças, como amarelinha, jogos com bolinhas de gude, brincadeiras de roda e uma infinidade de outros. Embora todos recebam a mesma denominação, cada um tem sua especificidade. A complexidade da definição aumenta quando se tenta definir os materiais lúdicos, alguns usualmente chamados de jogos e outros de brinquedos, ou quando se procura estabelecer um paralelo entre brincar e jogar.

De acordo com a autora, o jogo pode ser visto como: 1) o resultado de um sistema linguístico que funciona dentro de um contexto específico; 2) um sistema de regras; 3) um objeto. No primeiro caso, há uma linguagem específica que descreve um conjunto de fatos e atitudes que são entendidos da mesma forma pelas pessoas do grupo que conhecem o jogo. Isso resulta num conjunto de termos (um jargão) que é específico para cada modalidade de jogo, quer de crianças como de adultos (por exemplo, o conjunto de termos específicos que se referem aos jogos de futebol). Em segundo lugar, o sistema de regras identifica a estrutura sequencial que permite diferenciar cada modalidade de jogo. Esse sistema determina também quem ganha e quem perde (ou seja, o resultado do jogo), o que, para as pessoas envolvidas, às vezes é mais importante do que a própria atividade de jogar.

O terceiro elemento se refere ao objeto do jogo. O xadrez materializa-se no tabuleiro e nas peças, que podem ser fabricadas com qualquer material, enquanto o jogo de bolinhas de gude utiliza bolinhas de vidro colorido. Segundo a autora, esses três aspectos permitem uma compreensão dos jogos e dos diferentes significados atribuídos a eles, em cada cultura.

Por outro lado, no brincar há uma ausência de regras na organização das atividades. Assim, não há definição permanente de desempenhos, nem objetos específicos. Qualquer objeto pode representar, para a criança, tudo o que existe no cotidiano, na natureza e nas construções humanas. Por tais razões, o brincar é mais específico da infância e não se confunde com o jogo.

Com base numa análise da literatura, Kishimoto elabora alguns critérios para identificar as brincadeiras. Em primeiro lugar, as situações de brincadeiras caracterizam-se por um quadro no qual os objetos utilizados se submetem à representação da criança e o sentido habitual é substituído por um novo (por exemplo, o ursinho de pelúcia pode servir como filhinho). Em segundo lugar, na brincadeira há a predominância do prazer e da alegria, e não da competição. Em terceiro lugar, pela ausência de um conjunto de regras previamente estruturadas, as crianças estão mais livres para ensaiar novas combinações de ideias e de comportamentos em situações de brincadeiras do que em outras atividades não recreativas. Em quarto lugar, no brincar a atenção da criança está centrada na atividade em si e não nos seus resultados.

Para Piaget (1977), as atividades lúdicas fazem parte da vida da criança. O autor identifica três tipos de brincadeiras: brincadeiras de exercícios, brincadeiras simbólicas e brincadeiras com regras.

No primeiro caso, consistem de qualquer novo comportamento que a criança executa com o objetivo de compreender situações ou objetos colocados à sua frente. Por exemplo, a repetição da ação de balançar um objeto com a finalidade de entender o movimento é chamada de brincar pelo autor, pois, além de ser um ato de conhecer, a criança tem prazer na execução dessa atividade. Esse tipo de brincadeira é característico dos primeiros dois anos de vida da criança.

No caso das brincadeiras simbólicas, o objeto perde seu valor em si e passa a estar em função daquilo que a criança representa no momento. Por exemplo, pedrinhas podem representar coisas para comer. Os símbolos usados são individuais e específicos de cada criança e de cada situação.

No caso das brincadeiras regradas, as regras definem a estrutura das atividades. Para o autor, os jogos com regras são instituições sociais, na medida em que são transmitidos de geração a geração e suas características são independentes da vontade dos indivíduos que participam deles. Alguns são transmitidos com a participação dos adultos, outros permanecem especificamente infantis. Estes últimos possibilitam uma situação mais favorável à qualidade lúdica e podem colaborar para o desenvolvimento social das crianças.

Interessado especificamente em entender como a criança pratica e tem consciência das regras, uma vez que por elas aprende a respeitar o que lhe é transmitido e a conviver em grupo, Piaget (1977) estudou exaustivamente um jogo regrado: o de bolinhas de gude.

> Os jogos infantis constituem admiráveis instituições sociais. O jogo de bolinhas, entre meninos, comporta, por exemplo, um sistema muito complexo de regras, isto é, todo um código e toda uma jurisprudência. (...) Se desejarmos compreender alguma coisa a respeito da moral da criança, é, evidentemente, pela análise de tais fatos que convém começar. Toda moral consiste num sistema de regras e, em essência, toda moralidade deve ser procurada no respeito que o indivíduo adquire por essas regras. (p. 11)

No caso desse jogo, do qual a maioria das crianças participa, a influência dos adultos é reduzida ao mínimo; assim, ele é uma fonte rica para estudar os comportamentos espontâneos das crianças referentes à compreensão e à aceitação das regras. "Estamos, pois, em presença de realidades classificadas, senão entre as mais elementares, pelo menos entre as mais espontâneas e ricas em ensinamento" (p. 12).

Quanto às práticas das regras, Piaget distinguiu quatro estágios sucessivos. No primeiro, puramente motor e individual, a criança manipula as bolinhas de acordo com seus próprios desejos e hábitos motores, estabelecendo esquemas mais ou menos ritualizados. Porém, o jogo é individual e, dessa forma, não se pode falar em regras coletivas e sim em regras motoras individuais.

No segundo estágio, que o autor chama de egocêntrico, a criança começa a receber, do exterior, modelos de regras codificadas. No entanto, mesmo imitando esses modelos, ela joga sozinha sem se preocupar em encontrar parceiros. Se, por acaso, as crianças estiverem juntas, cada uma joga para si e todas podem ganhar ao mesmo tempo sem se preocupar com a decodificação das regras ou com a uniformização das diferentes maneiras de jogar. Em razão desse duplo aspecto – imitação e utilização individual dos modelos –, o autor denominou essa fase de jogos egocêntricos.

No terceiro estágio, chamado de cooperação nascente, há o aparecimento de controle mútuo do desempenho e a unificação das regras. Porém, as crianças não estão conscientes da codificação social das regras. Estas são estabelecidas em cada situação de jogo e ainda reina uma variação considerável no que se refere às regras gerais. Cada jogador procura vencer seus vizinhos; disso decorre a necessidade de controle mútuo e de unificação das regras, mas os participantes, na maior parte das vezes, procuram se entender durante uma única partida.

Finalmente, por volta dos 11-12 anos, aparece o quarto estágio, que é o da codificação das regras. As regras do jogo, socialmente conhecidas e regulamentadas, são estritamente obedecidas e, nesse caso, há uma notável concordância entre todos os que participam do jogo. Daí em diante, as regras não se referem a uma única partida, mas seus procedimentos são permanentes e conhecidos pelo grupo social.

Quanto à consciência das regras, Piaget distingue três estágios. No primeiro, a regra não é coercitiva, pois ela é puramente motora. No segundo, a regra é considerada sagrada e intangível, de origem adulta. Toda modificação proposta é considerada, pela criança, como uma transgressão. No terceiro estágio, a regra é compreendida como um consenso cujo respeito é obrigatório se se deseja ser leal, porém admite-se transformá-la desde que haja um consenso geral.

Para o autor, apesar de a prática e a consciência das regras passarem por um número diferente de estágios, existe uma relação entre ambas. Nos dois primeiros estágios da prática das regras, a regra é motora, relativamente independente da relação social estabelecida no jogo. No terceiro estágio, a regra é coercitiva e imposta, oriunda do respeito unilateral. No quarto estágio, a regra é racional, oriunda do respeito mútuo e compreendida como necessária para permitir a atividade em grupo.

Pickard (1975) também procurou descrever fases evolutivas nas atividades de brincar. Segundo a autora, se um mesmo objeto for dado para três crianças em níveis diferentes de desenvolvimento, cada uma irá explorá-lo à sua maneira e de acordo com sua capacidade. Em cada idade, a criança tem uma forma específica de absorver as informações fornecidas pelo ambiente. Para uma criança de até três anos, a principal característica de sua atividade espontânea é o movimento corporal, e sua aprendizagem baseia-se na experiência sensório-motora; assim, essa criança agirá sobre o objeto manipulando-o exaustivamente, empurrando, puxando, batendo-o no chão etc.

Por volta dos 6-7 anos, a criança constrói conceitos acerca do mundo circundante baseada em suas vivências; no entanto, já demonstra um processo mental de generalização.

Por volta dos 11 anos, a criança já possui um repertório de conceitos que lhe permite investigar o mundo acrescentando constantemente novas informações e ampliando sua consciência a respeito das relações que existem entre os objetos.

Pickard destaca, também, que as brincadeiras mudam radicalmente de uma fase a outra, assim como as relações entre os companheiros.

Na primeira fase, que, segundo a autora, abrange o período que Piaget denomina de sensório-motor, o brincar está centrado na manipulação e no conhecimento dos objetos.

Dos 3-4 anos aos 6-7 anos (segunda fase), a fantasia é acrescentada à atividade física. "Embora a fantasia já existisse na fase anterior, não é facilmente distinguida antes da segunda fase do brincar", afirma Pickard (*op. cit.*, p. 113). A característica mais importante da fantasia é o fato de que certos objetos perdem seu significado e são empregados para representar outras coisas ou situações. Outro aspecto desse estágio é o envolvimento emocional da criança. Nessa fase, ela experimenta as emoções mais intensamente do que em qualquer outra época de sua vida.

O terceiro estágio é definido por Pickard como o estágio dos folguedos. Inclui, também, muita atividade física e fantasia. É chamado de *estágio do bando*, porque as crianças já estão mais independentes dos adultos e têm prazer em estar com outras de sua própria idade. Elas começam a perceber a necessidade de regras e de regulamentações das brincadeiras.

Em conclusão, Pickard (*op. cit.*) afirma que

(...) o aspecto mais interessante do brincar de crianças normais e saudáveis é a vitalidade. Inevitavelmente, fica-se maravilhado a respeito da origem de tanta energia. Ninguém pode duvidar que as crianças, entregues a si próprias, constituem organismos dinâmicos, curiosas para investigar tudo e qualquer coisa. (p. 107)

Para Vygotsky (1989a), definir o brincar exclusivamente como atividade que dá prazer é incorreto por duas razões: em primeiro lugar, há muitas atividades que dão prazer mais intenso, para a criança, do que o brincar; em segundo lugar, há jogos cuja própria natureza não é sempre agradável, como, por exemplo, os jogos desportivos, em que há desprazer quando o resultado final é desfavorável. O autor também não concorda que o brincar cria uma situação imaginária porque há o perigo de que ele possa ser considerado como uma atividade dominada por um sistema de signos que generalizam a realidade. "A ação, numa situação imaginária, ensina a criança a dirigir o seu comportamento não somente pela percepção imediata dos objetos ou pela situação que a afeta de imediato, mas também pelo significado dessa situação" (*op. cit.*, p. 110).

A criança pequena não consegue separar o campo do significado da percepção visual, uma vez que há uma fusão íntima entre o significado e o que é visto. Para a criança muito pequena, a presença de um objeto determina o que ela deve fazer: assim, a porta solicita que ela a abra ou feche; a escada, que ela suba ou desça; a campainha, que ela toque.

> Os objetos têm tal força motivadora inerente, no que diz respeito às ações de uma criança muito pequena, e determinam tão extensivamente o comportamento de uma criança, que Lewin chegou a criar uma topologia psicológica: ele expressou matematicamente a trajetória do movimento da criança num campo, de acordo com a distribuição dos objetos e com as diferentes forças de atração ou repulsão. (...) Nesta idade a percepção não é, em geral, um aspecto independente, mas, ao contrário, é um aspecto integrado de uma reação motora. (Vygotsky 1989a, p. 110)

Com o tempo, os objetos perdem gradualmente a força determinadora do brincar e é alcançada uma condição em que a criança começa a agir de forma independente daquilo que vê. Nessa situação, o comportamento da criança é dirigido não só pela percepção imediata dos objetos ou pela situação que a afeta de imediato, mas também pelo significado que ela atribui a essa situação. Quando ela brinca de casinha, por exemplo, o que ocorre é uma reprodução da situação real, e ela repete, quase exatamente, o que ela viu a mãe fazer. No entanto, pode-se dizer que há um pouco de imaginário nessa situação, embora os objetos utilizados devam ser relativamente adequados à função a que se destinam. Por exemplo, uma criança utiliza um cabo de vassoura para representar um cavalo, mas não faria isso com um palito de fósforo. Esse tipo de brincadeira é um estágio de transição, pois a criança não realiza todas as transformações de uma só vez, visto que é extremamente difícil para ela separar o pensamento (o significado de uma palavra) dos objetos. Com a mudança da estrutura da percepção, ocorre também uma mudança na relação da criança com a realidade. Ela age com base no que sabe e não diretamente de acordo com o que vê. Assim, a ação começa a ser regida por regras e determinada pelas ideias e não pelos objetos em si. Isso representa uma inversão da relação da criança com a situação concreta, real e imediata.

Nesse tipo de brincadeira, há uma operação que envolve abstração e generalização, e meios. Quando brinca de dirigir um carro, por exemplo, ela reproduz o comportamento característico de um motorista com o qual convive. No entanto, as ações que ela executa representam, para ela, a situação geral envolvida no dirigir um carro. O exemplo mostra que houve uma abstração, na medida em que os padrões de comportamento são aqueles que caracterizam o motorista que ela conhece, e uma generalização, na medida em que "motorista" passou a ser uma categoria. Os meios, por sua vez, são os objetos que ela utiliza para realizar as ações de dirigir um carro.

Para o autor, o brincar cria uma zona de desenvolvimento proximal, pois, nele, a criança executa ações que estão além de seu comportamento diário. "No brinquedo é como se ela fosse maior do que na realidade é" (*op. cit.*, p. 117).

Só à medida que o brincar se desenvolve em direção a um propósito realmente consciente é que existe a verdadeira ação simbólica, pois, nesse caso, os conceitos já estão formados e as brincadeiras ou jogos simbolizam essa ação.

É na idade pré-escolar que ocorre, pela primeira vez, uma separação entre os campos do significado e da visão. Nesse período, um traço marcante dos jogos é a situação imaginária, e eles são geralmente desenvolvidos em grupo, envolvendo regulações sociais das ações dos participantes. Para tanto surgem as regras, que são determinadas antes do início da brincadeira.

Para Vygotsky, nas brincadeiras do período pré-escolar, as operações e ações da criança são sempre reais e sociais. Nelas, a criança assimila a realidade; dessa forma, o brincar é o caminho pelo qual ela compreende o mundo em que vive e que será chamada a mudar.

Há duas etapas no desenvolvimento do brincar que são análogas à história do desenvolvimento em geral. Na primeira, há a predominância da ação sobre o significado e essa ação não é inteiramente compreendida. A partir das interações sociais, são formados os conceitos; nesse momento, os símbolos determinam as ações e as regras são claramente estabelecidas. A segunda etapa ocorre quando o ser humano é capaz de operar conscientemente com o significado das coisas, significado este ao qual se subordinam todos os objetos e ações reais.

Consequentemente, na forma mais avançada do desenvolvimento, emerge um complexo de aspectos que, no início, eram secundários ou incidentais e agora ocupam uma posição central. Do ponto de vista do desenvolvimento, a criação de uma situação imaginária pode ser considerada um meio para desenvolver o pensamento abstrato.

Em conclusão, Vygotsky (1989a) coloca que, para uma criança com menos de três anos, o brincar é um jogo sério, assim como é para o adolescente. Porém, para a criança, sério significa que, ao brincar, ela não separa a situação imaginária da situação real; para a criança em idade escolar, o brincar torna-se uma forma de atividade mais limitada, que preenche um papel específico no seu desenvolvimento e permeia as atitudes em relação à realidade. Neste caso, a essência do brincar é a criação de uma nova relação entre o campo do significado e o campo da percepção.

3
JOGOS E BRINCADEIRAS NA SITUAÇÃO ESCOLAR

(...) o jogo é o trabalho da criança. Nos seus jogos, a criança está praticando várias ações que acabarão por ser internalizadas como pensamento.

Elkind 1975, p. 63

Gardner (1994), ao discutir a aprendizagem em situação pré-escolar, afirma:

Seres humanos têm capacidades tremendas para aprender e se desenvolver, como pode ser facilmente visto se observarmos uma criança explorando ativamente seu ambiente durante os primeiros anos de vida. E, pelo menos, algumas crianças continuam a demonstrar a pronta assimilação e um domínio impressionante depois que ingressam na escola e em outros meios educacionais. O problema não é tanto uma dificuldade na aprendizagem escolar por si, mas sim um problema de integrar o conhecimento notacional e conceitual, apresentado na escola, com aquelas vigorosas formas de conhecimento intuitivo que se desenvolveram espontaneamente durante os primeiros anos de vida. (pp. 215-216)

Pickard (1975) afirma que esse espírito de investigação, de curiosidade, que a criança carrega consigo é o que deve ser explorado na escola. Muitas vezes, uma curiosidade não sanada da criança se esvai e o conhecimento buscado perde o sentido para ela.

A autora aponta ainda que, em qualquer idade, em seus jogos e brincadeiras, as crianças revelam irresistível atração para o objetivo das atividades, para seu prosseguimento com atenção sustentada, sendo incansáveis na repetição. Essas características – prosseguimento, repetição da atividade e atenção dirigida para o alvo – são as que a educação formal se esforça tenazmente para conseguir. No entanto, essas características desejáveis, que estão presentes de forma espontânea nas brincadeiras e nos jogos, dificilmente são encontradas nas atividades escolares, principalmente em tarefas de longa duração e exclusivamente intelectivas.

Para Piaget (1975),

> (...) o jogo é um caso típico das condutas negligenciadas pela escola tradicional, dado o fato de parecerem destituídas de significado funcional. Para a pedagogia corrente, é apenas um descanso ou o desgaste de um excedente de energia. Mas esta visão simplista não explica nem a importância que as crianças atribuem aos seus jogos (...). A criança que joga desenvolve suas percepções, sua inteligência, suas tendências à experimentação, seus instintos sociais etc. (p. 158)

Na escola tradicional, os jogos só aparecem nas horas reservadas ao esporte, e a vida social entre as crianças não é utilizada para a aprendizagem. Os exercícios falsamente chamados de coletivos são, na realidade, apenas uma justaposição de trabalhos individuais executados no mesmo local.

Na escola, os conceitos são ensinados sempre no seu aspecto estático e não em seus aspectos dinâmicos. Isso talvez se deva ao fato de que os aspectos estáticos dos conceitos podem ser indicados e memorizados, enquanto os dinâmicos só podem ser compreendidos por meio do raciocínio. Para Piaget (1975), o jogo é um meio poderoso para a aprendizagem tanto da leitura como do cálculo ou da ortografia. Ao estimularem a troca de ideias, a colocação de hipóteses, a experimentação, o teste de realidade etc., os jogos são o instrumento que mais favorece o intercâmbio entre o pensamento e a realidade, promovendo, assim, o desenvolvimento da cognição. Jogos e brincadeiras também permitem ao professor verificar qual o nível de domínio que a criança tem dos conteúdos curriculares e planejar as atividades necessárias para fazê-la avançar.

No período sensório-motor, se a escola criar um ambiente com diversos tipos de material concreto para que a criança os manipule, isso permitirá a formação de conceitos práticos dos objetos que a cercam. Na fase dos jogos simbólicos, a criança pode transformar a realidade segundo as suas necessidades e assimilar as vivências, representando-as. Nesse sentido, o jogo permite uma ampliação e uma flexibilização dos conceitos. Os jogos com regras, por sua vez, permitem a adaptação de ações individuais à coerência e às regras do grupo, bem como o respeito às diferenças, que são pré-requisitos para a convivência harmoniosa entre indivíduos. Daí a importância de incorporar os jogos e as brincadeiras aos procedimentos pedagógicos.

> O jogo é, portanto, sob as suas duas formas essenciais de exercício sensório-motor e de simbolismo, uma assimilação do real à atividade própria, fornecendo a essa seu alimento necessário e transformando o real em função das necessidades múltiplas do eu. Por isso, os métodos ativos de educação das crianças exigem todos que se forneça às crianças um material conveniente, a fim de que, jogando, elas cheguem a assimilar as realidades intelectuais que, sem isso, permanecem exteriores à inteligência. (Piaget 1975, p. 160)

Para Vygotsky (1989a), na situação de brincadeira a criança se projeta nas atividades adultas de sua cultura e ensaia seus futuros papéis e valores. Ela começa a adquirir a motivação, as habilidades e as atitudes necessárias para sua participação social, que só pode ser completamente atingida com a interação dos companheiros da mesma idade. Nesse sentido, as brincadeiras usadas na situação escolar podem criar condições para a criança avançar no seu desenvolvimento cognitivo, porém elas precisam ser cuidadosamente planejadas pelo professor. As generalizações e os significados que a criança retira na situação de brincar precisam ser discutidos e trabalhados pelo adulto para que possam tornar-se um conceito específico.

O processo de educação escolar é qualitativamente diferente do processo de educação no sentido mais amplo. Na escola a criança está diante de uma tarefa particular: entender as bases dos estudos científicos, ou seja, o sistema de concepções científico. (Vygotsky 1989a, p. 147)

O autor comenta, ainda, que o melhor método para as crianças pré-escolares aprenderem a ler e a escrever é que descubram essas habilidades durante situações de brinquedo. É necessário que as letras se tornem uma necessidade na vida das crianças, como, por exemplo, a fala. Dessa forma, desenhar e brincar deveriam ser os estágios preparatórios para o desenvolvimento da linguagem escrita das crianças. Cabe ao educador organizar todas as ações no complexo processo de transição da linguagem falada para a escrita, ensinando a criança que esta última não é apenas a escrita de letras.

Kishimoto (1996) comenta que o brinquedo educativo é utilizado nas escolas desde o Renascimento:

> O jogo serviu para divulgar princípios de moral, ética e conteúdos de história, geografia e outros a partir do Renascimento, o período de compulsão lúdica. O Renascimento vê a brincadeira como uma conduta livre que favorece o desenvolvimento da inteligência e facilita o estudo. Ao atender às necessidades infantis, o jogo infantil torna-se forma adequada para a aprendizagem dos conteúdos escolares. Assim, para se contrapor aos processos verbalistas de ensino, à palmatória vigente, o pedagogo deveria dar forma lúdica ao conteúdo. (p. 28)

Segundo a autora, essa posição ganhou mais força a partir do século XX, quando o jogo voltou a ser entendido como um recurso importante para o ensino. Essa importância se deve ao fato de que o brincar educativo introduz, nas situações de aprendizagem, propriedades lúdicas de prazer, de capacidade de criação, de ação ativa e motivadora.

Nas situações de jogos e brincadeiras, o professor deve propor às crianças perguntas que agucem sua curiosidade. Seu papel será o de orientar a criança a descobrir todas as possibilidades oferecidas pelos jogos, de pensar juntos, porém respeitando o momento de aprendizagem dos alunos. As sugestões devem ser enriquecidas pelas situações criadas pela própria criança. É interagindo com um meio rico em possibilidades de agir que ela sistematizará os conceitos e dominará novas formas de ação.

Por outro lado, a autora comenta que, apesar da riqueza de oportunidades de aprendizagem que as brincadeiras propiciam, o professor não pode ter certeza de que a construção do conhecimento efetuada pela criança será exatamente a mesma desejada por ele. Nesse caso, ele deve assumir a função de orientador, intervindo para conduzir o pensamento dos alunos no rumo desejado. Além disso, deve comentar os erros para mostrar quais as informações que não foram consideradas para a resolução do problema proposto.

A utilização do jogo potencializa a exploração e a construção do conhecimento, por contar com a motivação interna, típica do lúdico, mas o trabalho pedagógico requer a oferta de estímulos externos e a influência de parceiros bem como a sistematização de conceitos em outras situações que não jogos. Ao utilizar, de modo metafórico, a forma lúdica (objeto suporte de brincadeira) para estimular a construção do conhecimento, o brinquedo educativo conquistou um espaço definitivo na educação infantil. (Kishimoto 1996, pp. 37-38)

Para exemplificar, a autora comenta que a quadrilha pode ser utilizada para a apreensão de noções de conjunto, de números pares e ímpares, e o boliche, para a construção de números. Nos dois casos estão presentes as propriedades metafóricas dos jogos, que possibilitam à criança o acesso a vários tipos de conhecimento e habilidades. Da mesma forma, ao manipular o quebra-cabeça disponível na sala de aula, a criança está diferenciando cores e formas.

Kishimoto mostra a importância do uso de três tipos de jogos em situações pedagógicas: brincadeiras tradicionais, brincadeiras de faz de conta e jogos de construção.

As brincadeiras infantis tradicionais, ligadas ao folclore, refletem a mentalidade popular e expressam-se sobretudo pela oralidade. Como parte da cultura, essa modalidade de brincadeira perpetua os costumes e valores de um povo em certo período. O professor pode explorar essas situações, mostrando o contexto histórico, o tipo de relação estabelecida, as regras etc. Exemplos desse tipo de brincadeira são: o jogo de amarelinha, empinar papagaio, jogar pião, jogos com bolinhas de gude ou pedrinhas etc.

As brincadeiras de faz de conta, também conhecidas como simbólicas, consistem na representação de papéis e permitem à criança expressar sonhos e fantasias, além de ajudá-la a compreender os papéis do contexto social em que vive. As ideias e ações adquiridas pelas crianças no mundo social, incluindo a família e seu círculo de relacionamentos, podem ser exploradas pela escola, oferecendo oportunidades de interações sociais e aquisição de símbolos. O professor pode alterar o significado dos objetos e das situações para criar novos significados, expandindo, assim, os conceitos da criança.

Os jogos de construção, por sua vez, são de grande importância por enriquecer a experiência sensorial, estimular a criatividade e desenvolver habilidades. Construindo, transformando, destruindo, a criança expressa seu imaginário e sua afetividade e se desenvolve intelectualmente.

Em resumo, para Kishimoto, as brincadeiras permitem que a criança desenvolva capacidades importantes, tais como a atenção, a imitação, a memória, a imaginação, além de favorecer a socialização, por meio da interação, da utilização e da experimentação de regras e papéis sociais.

Nesse mesmo sentido, Dias (1996) também defende que é preciso resgatar o trabalho com jogos e brincadeiras na educação infantil. Assim, na criança, a imaginação criadora surge na forma de jogos que se transformam num primeiro instrumento de enfrentamento da realidade. O conhecimento deixa de estar preso ao aqui e agora para se transformar em canal de expressão de linguagem verbal, experiências vividas e interpretação da realidade. A autora comenta:

> É preciso resgatar o direito da criança a uma educação que respeite seu processo de construção de pensamento, que lhe permita desenvolver-se nas linguagens expressivas do jogo, do desenho e da música. Estes, como instrumentos simbólicos de leitura e escrita do mundo, articulam-se ao

sistema de representação da linguagem escrita, cuja elaboração mais complexa exige formas de pensamento mais sofisticadas para sua plena utilização. (*Op. cit.*, pp. 54-55)

De acordo com o *Referencial curricular nacional para a educação infantil* (Brasil 1998), é imprescindível que sejam oferecidas, à criança, atividades voltadas para as brincadeiras ou para as aprendizagens que ocorrem por meio de ações em grupo, para que ela possa exercer sua capacidade de criar. Ao brincarem, as crianças recriam e repensam os acontecimentos que deram origem às brincadeiras, superando gradativamente suas aquisições e ampliando seu tempo e seu espaço. Nesse sentido, o brincar cria oportunidade para que as crianças possam experimentar o mundo e internalizar uma compreensão particular sobre as pessoas, os sentimentos e os diversos acontecimentos.

Conforme o mesmo documento, o brincar pode ser categorizado de diversas maneiras, dependendo do uso do material e dos recursos predominantes. Essas categorias incluem:

(...) o movimento e as mudanças da percepção resultantes essencialmente da mobilidade física das crianças; a relação com os objetos e suas propriedades físicas, assim como a combinação e a associação entre eles; a linguagem oral e a gestual, que oferecem vários níveis de organização a serem utilizados para brincar; os conteúdos sociais, como papéis, situações, valores e atitudes, que se referem à forma como o universo social se constrói; e, finalmente, os limites definidos pelas regras, constituindo-se em recurso fundamental para o brincar. (*Op. cit.*, p. 28)

Essas categorias de experiências podem ocorrer em três modalidades básicas de brincadeiras: brincar de faz de conta ou com papéis, brincar com materiais de construção e brincar com regras.

Em situação escolar, o professor deve ter presente que, nas brincadeiras, as crianças criam e estabilizam aquilo que conhecem sobre o mundo. Porém, essas situações não podem ser confundidas com aquelas em que o brincar ou os jogos estão ligados intencionalmente a atividades de aprendizagem de conceitos, pois aí é o professor que direciona as ações no sentido de ensinar os conteúdos exigidos pela escola.

Apesar da crença de que a brincadeira é uma atividade natural da criança, há uma diferença entre a situação de jogo que é da iniciativa dela, e que surge de sua intenção e curiosidade, e o jogo com finalidades pedagógicas. O jogo em situação didática implica planejamento e previsão de etapas pelo professor para alcançar objetivos predeterminados.

É possível utilizar jogos, especialmente aqueles que possuem regras, como atividades didáticas, porém é preciso que o professor tenha consciência de que as crianças não estarão brincando livremente nessa situação, pois há objetivos didáticos em questão. Nesse caso, o professor torna-se um mediador entre as crianças e os objetos a conhecer, organizando e propiciando espaços e situações de aprendizagem que articulem os conhecimentos prévios, trazidos pela criança, àqueles que a escola deseja transmitir.

Por exemplo, nos jogos em que há contagem de pontos para determinar o vencedor, o professor pode ensinar o conceito de números, a operação de somar etc. As brincadeiras de faz de conta possibilitam que as crianças assumam papéis que poderão ajudá-las a organizar seus pensamentos e emoções e a enriquecer as interações. Os jogos com regras, que envolvem atividades em grupo, permitem que cada criança desempenhe um papel ou uma tarefa para a realização de um objetivo comum. A cooperação, necessária para o desenvolvimento dessas atividades, faz com que ela consolide as interações e caminhe em direção à autonomia.

Angelini (2003) afirma que para que a criança vivencie sua alfabetização de forma agradável, ela precisa brincar com sons e movimentos e expor oralmente suas ideias e seus conceitos. A criança que vivencia cada som e é estimulada a falar e a contar sua história tem possibilidade de experimentar a realidade, constituindo-se como sujeito no mundo social. A autora criou uma situação em que a alfabetização de crianças deficientes tornou-se um jogo: as crianças deviam construir textos utilizando palavras a partir das letras iniciais do nome de cada colega de classe. Por exemplo, com o *Fa*, de Fabiana, foi elaborada a frase "*Fa*biana é uma amiga *fa*bulosa", e, com base na frase, as crianças dramatizaram como deveria ser uma amiga fabulosa. Com esse tipo de procedimento, foi desenvolvida a oralidade das crianças e a escrita começou a fluir, tudo isso dentro de um contexto lúdico no qual a criatividade foi resgatada e a aprendizagem ocorreu sem os rituais estereotipados de uma aula tradicional.

De acordo com o *Referencial curricular nacional para a educação infantil* (Brasil 1998), vários jogos podem ser construídos utilizando os nomes próprios, tais como bingo, jogo da memória e dominó, nos quais imagens ou números são substituídos por letras dos nomes dos respectivos integrantes. O nome traz, além da grafia específica, uma história e um significado. O professor pode incentivar o aluno a descobrir a história relacionada ao nome de cada elemento do grupo, como, por exemplo, por que os familiares escolheram tais nomes.

No entanto, embora haja muitas recomendações a respeito dos métodos de alfabetização no ensino e na aprendizagem da leitura e da escrita, as cartilhas ainda são o instrumento básico utilizado pela maioria dos professores. Smolka (1989), Mortatti (2000), Cória-Sabini e Neves (2002), pesquisando os métodos de ensino de alfabetização, verificaram que as cartilhas tradicionais continuam presentes nas escolas do ensino fundamental, tanto no apoio ao trabalho dos professores como nos exercícios realizados pelos alunos.

Da mesma forma, jogos e brincadeiras podem ser utilizados para ajudar os alunos a superar os bloqueios que geralmente existem na aprendizagem de conceitos matemáticos. Segundo Parolin e Salvador (2002), a matemática tem sido, e continua sendo, a campeã dos impropérios; a resistência à aprendizagem dessa matéria continua sendo grande apesar de os conhecimentos matemáticos fazerem parte do dia a dia de todas as pessoas, como, por exemplo, quantificar, ordenar objetos, diferenciar numerais, fazer contas, reconhecer formas geométricas etc. Uma criança não apresenta dificuldades para quantificar enquanto está jogando; muito entusiasmada, ela consegue constatar quem ganhou e quem perdeu somando os pontos. Por outro lado, a mesma operação não consegue ser resolvida quando colocada em situação de sala de aula.

Selva e Brandão (1998, 2000) analisaram a recomendação do Ministério da Educação para o ensino da matemática na educação infantil, segundo a qual os professores devem aproveitar situações do cotidiano escolar, bem como jogos e brincadeiras que envolvam contar, comparação de quantidades, medidas, relações espaciais etc., para explorar as ideias intuitivas da criança e sua linguagem própria. No trabalho com resolução de problemas, também tem sido indicada a necessidade de estimular as crianças a formular hipóteses, a desenvolver estratégias de solução, relacionando e aplicando os conhecimentos que possuem e interagindo com as demais crianças de seu grupo. Entretanto, Selva e Brandão alertam que não basta abrir um espaço para o uso de diferentes recursos na educação infantil: é fundamental saber como usá-los para propiciar uma maior reflexão por parte das crianças. Elas ressaltam, ainda, que o professor deve estimular a interação entre os alunos, explorando as diferentes estratégias de solução que eles utilizam.

> Consideramos que um caminho possível para a construção de uma aprendizagem baseada na compreensão, e não apenas em respostas corretas, é tornar a pré-escola um espaço de elaboração e discussão do conhecimento, oportunizando o uso de diferentes recursos e representações no trabalho com resolução de problemas. (...) Acreditamos que, através da comparação e discussão das diferentes estratégias usadas, as crianças podem refletir com mais profundidade sobre o conceito estudado, possibilitando uma sistematização deste conhecimento baseada na compreensão. (Selva e Brandão 1998, p. 58)

Outro aspecto importante a ser considerado, de acordo com as autoras, é que o professor incentive as crianças a escrever ou desenhar os dados representativos do problema proposto (por exemplo, desenhar tantos objetos quantos corresponderem ao número citado pelo professor), bem como as estratégias utilizadas para a resolução da tarefa. Essa forma de notação favorece a explicação dada pela criança a respeito dessas estratégias, além de facilitar a alfabetização. O uso desse recurso deve ser estimulado desde a pré-escola, especialmente quando se constata que essa reflexão pode ocorrer mesmo entre crianças mais novas. Embora elas não dominem ainda o conhecimento indispensável para poderem registrar formalmente as operações no papel, são capazes de representar, por meio de desenhos, os elementos envolvidos nessas operações.

Moura (1996), analisando o uso do jogo no ensino da matemática, afirma que, nos últimos anos, têm sido constantes os relatos de experiências de jogo como proposta pedagógica. O autor chama a atenção para o fato de que os jogos devem ser utilizados pelos professores como estratégias específicas para conduzir a passagem dos conteúdos espontâneos para aqueles escolarizados. Por se tratar de uma ação didática, o professor deve estar atento aos erros e acertos e trabalhar as situações para que a criança possa, diante dos conhecimentos prévios, construir conceitos mais elaborados. A linguagem matemática também deve ser introduzida aos poucos para que seja incorporada aos conceitos espontâneos da criança. O professor deve ainda criar significados culturais para os conceitos para que tenham um sentido para os alunos, levando-os a vivenciar virtualmente situações de problemas que se aproximem daquelas que, ao longo da história, o homem realmente enfrenta ou enfrentou.

Macedo (1993) comenta que os jogos com regras podem ajudar o ensino da matemática no que se refere à resolução de problemas, uma vez que, a cada jogada, a criança precisa considerar as possibilidades e eliminar os obstáculos. O autor sugere que o professor converse com a criança sobre suas jogadas, pedindo-lhe justificativas para suas ações, bem como comparando-as com as ações dos demais. Calcular os pontos ganhos ou perdidos é outro aspecto que facilita a compreensão de operações com números.

Golbert (1999) trabalhou com 22 jogos com o objetivo de facilitar a aprendizagem significativa da matemática. Os jogos contemplavam o desenvolvimento da classificação, da quantificação, das noções de equivalência no sistema de numeração e habilidades de cálculos. A autora observou que grande parte das dificuldades que as crianças apresentavam originava-se de uma frágil elaboração do significado das representações numéricas. Segundo ela, o conceito de número, como designação de uma quantidade que é a verdadeira base para a aprendizagem da matemática, frequentemente é negligenciado na pré-escola. A criança automatiza um procedimento que conduz a uma representação, sem, contudo, associá-la a contextos concretos. Assim, ela sugere que, para o ensino da matemática, sejam considerados três fatores: a reflexão, a comunicação e o contexto.

A reflexão envolve ensinar a matemática analisando o raciocínio que a criança utiliza no momento da resolução de um problema. A comunicação envolve a troca de informações da criança com o professor e seus colegas; ela promove e sustenta a reflexão, pois age como um recurso auxiliar para o aluno obter controle de seu próprio pensamento e desenvolver uma atitude matemática, além de auxiliar o professor a certificar-se dos conhecimentos adquiridos por cada aluno. O contexto envolve introduzir o conceito em questão, relacionando-o às vivências dos alunos.

Golbert destaca que, nas situações de jogos, a mediação do professor deve contemplar três tipos de categorias:

- a mediação intencional, relativa aos processos cognitivos do aluno, às suas necessidades, às suas formas de aprender e à aquisição de hábitos sociais;
- a mediação relativa à imagem de si, por parte do aluno, ao seu sentimento de capacidade, ao domínio da impulsividade, à conduta compartilhada, ao respeito e à aceitação das diferenças individuais, ao hábito de traçar e perseguir metas, ao otimismo em relação a si próprio e à vida;
- a mediação relativa à afetividade, à regulação da motivação, da energia cognitiva e da criatividade. (*Op. cit.*, p. 46)

Nesse mesmo sentido, Cardim (2001) afirma que, com a utilização dos jogos como estratégia de ensino, o professor auxilia o aluno a ter uma atuação o mais consciente e intencional possível, a fim de que ele possa ter um resultado favorável. É importante, também, criar oportunidades para que o aluno avalie e repense o raciocínio que levou ao erro. Assim, a utilização dos jogos requer uma organização prévia e avaliações constantes.

Ao propor um jogo, o professor, segundo a autora, deve ter claros:

1. a finalidade da utilização do jogo;
2. o público ao qual o jogo se destina e o número possível de participantes;

3. a organização prévia dos materiais;
4. a organização prévia de adaptações, caso o jogo precise ser simplificado ou enriquecido para alcançar o objetivo;
5. o tempo necessário para o desenvolvimento do jogo;
6. a organização espacial, a fim de evitar confusões, planejando o local ideal para a prática do jogo;
7. o planejamento prévio, mas com flexibilidade, das estratégias que o professor irá utilizar no decorrer do jogo;
8. a seleção prévia das noções e dos conceitos a serem desenvolvidos no decorrer do jogo;
9. a avaliação dos resultados obtidos, visando a um melhor desenvolvimento do jogo em aplicações futuras;
10. a continuidade, garantindo, dentro da rotina diária da escola, a permanência do projeto com jogos.

Em conclusão, apesar das várias recomendações para que se utilizem brincadeiras, jogos e situações lúdicas para favorecer as aprendizagens na pré-escola, o uso didático dessas estratégias ainda não se disseminou entre os professores e continua sendo limitado a situações de recreio, por iniciativa das próprias crianças.

4
DESCRIÇÃO DAS ATIVIDADES

> *A pesquisa sobre o ensino ilumina zonas em sombra desse complexo fenômeno que é o ensino, com a esperança de que essas zonas em sombra permitam compreender melhor o que se passa nas aulas e apoiar mais fundamentalmente a melhora da ação em aula.*
>
> Alvarez e Del Rio 1996, p. 241

Os projetos são propostas de trabalho didático envolvendo diferentes conteúdos e organizados em termos de objetivos. A sequência de atividades deve ser orientada para promover uma aprendizagem específica, mediante desafios com diferentes graus de dificuldade e problemas colocados com base em diferentes proposições. É importante haver flexibilidade na proposta, pois as dificuldades apresentadas pelas crianças durante o desenvolvimento do projeto devem ser consideradas para que os conteúdos e as atividades possam ser reorganizados.

O projeto aqui apresentado foi elaborado em torno de uma sequência de atividades planejadas com base em conceitos e habilidades que comumente são trabalhados com crianças que frequentam a pré-escola. Foram propostos dois blocos de atividades: o primeiro, de recreação, envolve atividades a serem desenvolvidas no pátio; o segundo engloba atividades correlatas àquelas de recreação, para serem desenvolvidas dentro da sala de aula.

Para a recreação, foram propostos vários conjuntos de atividades, cada um tendo, em média, cinco exercícios, com objetivos variados. Por exemplo, em um determinado conjunto, em dois exercícios pode ser trabalhada a coordenação motora, em outros dois, a lateralidade, e em outro, a noção de cores.

Em cada aula, a sequência de execução dos exercícios de recreação é obrigatória, uma vez que os primeiros envolvem grande movimentação, enquanto pelo menos o último é moderado, com pouca movimentação, para acalmar as crianças, deixando-as mais tranquilas para as atividades na sala de aula.

Cada objetivo é trabalhado com vários tipos de atividades; o professor tem liberdade para criar outras com base nas sugestões apresentadas. Algumas das atividades propostas para a sala de aula foram adaptadas com base nas sugestões apresentadas pelos *Subsídios para a implementação do modelo pedagógico para educação pré-escolar e recursos para a pré-escola* (São Paulo 1979). A seguir são apresentadas algumas atividades-modelo, tanto para serem desenvolvidas no pátio como para a sala de aula.

ATIVIDADES-MODELO

OBJETIVOS: Controle motor, atenção, memorização.

NA RECREAÇÃO

Materiais: Jornais, colchonetes, um cabo de vassoura curto, argolas (como aquelas utilizadas para prender cortinas).

1º EXERCÍCIO

Preparação: A professora deve preparar uma área do pátio dispondo pedaços de folhas de jornais em fileiras e espaçados um do outro.

Desenvolvimento: As crianças iniciam a atividade descalças e dispostas em uma única fileira, com cada pé em cima de um pedaço de folha de jornal. Ao sinal de "já", elas devem tentar chegar ao outro lado do pátio pisando apenas nos retângulos de jornal, sem que os pés toquem nos espaços não cobertos.

2º EXERCÍCIO

Preparação: A mesma do exercício anterior.

Desenvolvimento: As crianças devem iniciar o exercício com os pés e as mãos no chão, sobre quatro pedaços de jornal. Ao sinal de "já", elas devem chegar até o final do pátio colocando os pés e as mãos sempre sobre as folhas de jornal distribuídas sobre a área.

3º EXERCÍCIO

Preparação: A professora deve dispor do cabo de vassoura e colocar as argolas em uma das extremidades do pátio.

Desenvolvimento: A professora fica sentada no meio do pátio, segurando o cabo de vassoura na posição vertical. As crianças ficam em pé, na extremidade do pátio, próximas ao local onde estão as argolas. Ao sinal de "já", as crianças (uma de cada vez) devem pegar uma argola e correr até a professora, encaixando rapidamente a argola no cabo de vassoura, e continuar correndo até chegarem ao outro lado do pátio.

4º EXERCÍCIO

Preparação: A professora deve estender um colchonete no chão do pátio.

Desenvolvimento: As crianças devem ficar enfileiradas, de frente para o colchonete. Com a ajuda da professora, uma de cada vez deve fazer uma cambalhota ou um rolamento para frente, sobre o colchonete.

5º EXERCÍCIO

Preparação: A professora deve estender os colchonetes no chão, enfileirados, perto de uma parede.

Desenvolvimento: As crianças devem deitar-se nos colchonetes, em decúbito dorsal, com a cabeça encostada à parede. Ao sinal de "já", elas devem, com a ajuda das mãos e segurando os glúteos, levantar o quadril com as pernas estendidas, tocando os pés na parede.

6º EXERCÍCIO

Preparação: A professora deve espalhar alguns objetos pelo pátio (por exemplo, uma cadeira, um bambolê, um colchonete, uma bola). As crianças ficam em pé, enfileiradas.

Desenvolvimento: A professora executa movimentos relacionados aos objetos (por exemplo: corre ao redor da cadeira, gira o bambolê na cintura, executa uma cambalhota no colchonete, joga a bola para o alto e corre para a primeira criança da fila). Ela chama essa criança, que deverá repetir os movimentos na ordem apresentada. Em seguida, a professora faz outros movimentos, em outra ordem (por exemplo: rola sobre o colchonete, roda o bambolê num braço, bate a bola no chão algumas vezes, senta na cadeira), e a segunda criança deverá repeti-los, e assim sucessivamente, sempre variando a sequência e os movimentos.

7º EXERCÍCIO

Preparação: Este exercício não exige nenhum material específico.

Desenvolvimento: As crianças devem ficar sentadas em um semicírculo. A professora coloca-se ao lado da primeira criança de uma das pontas do semicírculo e avisa que vai mandar um recado para a última, porém o recado deverá ser transmitido no ouvido de uma criança para outra, como se a fileira formasse o fio de um telefone. Depois que o recado percorreu todo o semicírculo, a mensagem deve ser repetida por cada uma das crianças, da última para a primeira, e finalmente a professora deve apontar quais as palavras que foram mantidas ou modificadas durante a transmissão. A atividade deve ser repetida várias vezes, com mensagens diferentes, chamando a atenção para que as crianças que estão transmitindo falem com clareza e para que as que estão ouvindo procurem lembrar todas as palavras a fim de que os recados cheguem corretos.

NA SALA DE AULA

- Na sala de aula, a professora pode trabalhar com músicas. Baseando-se num repertório de músicas conhecidas pelas crianças, ela escolhe uma e a canta juntamente com elas. Num segundo momento, ela canta somente um trecho, parando em um determinado ponto, e solicita que uma das crianças continue. Essa criança também é interrompida e outra deve continuar a música, e assim sucessivamente. Essa atividade pode ser repetida com várias músicas.
- A professora pergunta qual é a música que tem uma determinada palavra. As crianças devem cantar o trecho da música que contém a palavra escolhida pela professora. Essa atividade também pode ser repetida várias vezes, com palavras diferentes.
- A professora pode dar um barbante e argolas grandes e coloridas às crianças, pedindo-lhes que enfiem as argolas no barbante.
- A professora pode entregar às crianças potes de plástico, com tampas rosqueadas, que elas devem abrir e fechar (ou amarrar e desamarrar cordões, ou encaixar e desencaixar peças, ou ainda guardar fósforos numa caixa, todos com a cabeça na mesma posição).

OBJETIVOS: Noções de cores, de uma forma geométrica (círculo), de localização e lateralidade.

NA RECREAÇÃO

Materiais: Bambolês de cores variadas.

1º EXERCÍCIO

Preparação: A professora deve colocar, em uma fileira, bambolês em número suficiente para todas as crianças.

Desenvolvimento: As crianças devem ficar posicionadas umas ao lado das outras. Cada criança, uma por vez, deve dizer em voz alta a cor do bambolê que quer pegar e buscar o bambolê correto dentre aqueles espalhados. Quando todas estiverem com seu bambolê, a professora vai dar ordens para a troca de bambolês baseada nas cores. Por exemplo: "Aqueles que estão com os bambolês amarelos devem trocá-los com os verdes", e assim sucessivamente.

2º EXERCÍCIO

Preparação: A professora espalha novamente os bambolês no chão, afastados uns dos outros.

Desenvolvimento: Ao comando de "dentro", as crianças devem correr e pular para dentro de um bambolê. Ao comando de "fora", elas devem pular para fora do bambolê. Ao comando de "correr em volta", as crianças devem correr por fora, em torno do seu próprio bambolê. A ordem dos comandos não deve seguir uma alternância simples; aconselha-se que, às vezes, o mesmo comando seja repetido duas ou mais vezes, para verificar se as crianças estão atentas às ordens.

3º EXERCÍCIO

Preparação: Cada criança mantém o bambolê ao seu lado.

Desenvolvimento: Aos comandos da professora de "direita" ou "esquerda", as crianças devem colocar o bambolê no lado indicado. Também neste exercício os comandos não devem ter uma alternância simples.

4º EXERCÍCIO

Preparação: A professora deve distribuir os bambolês no chão do pátio, a uma certa distância uns dos outros.

Desenvolvimento: A uma ordem da professora, cada criança deve se posicionar do lado de dentro de um bambolê. Em seguida, a professora dará outros comandos:
- rodar o bambolê na cintura;
- rodar no braço esquerdo;
- rodar no braço direito;
- rodar nas pernas etc.

5º EXERCÍCIO

Preparação: A professora deve deixar os bambolês em uma das extremidades do pátio.

Desenvolvimento: Cada criança deverá pegar um bambolê. Umas ao lado das outras, devem rolar o bambolê no solo, até o final da área livre, executando o movimento do lado direito do corpo (utilizando apenas a mão direita), do lado esquerdo (utilizando apenas a mão esquerda) ou à frente do corpo (utilizando as duas mãos), de acordo com os comandos da professora.

6º EXERCÍCIO

Preparação: A professora deve espalhar os bambolês no chão, a uma certa distância uns dos outros.

Desenvolvimento: O exercício se inicia com cada criança sentada dentro do bambolê. Ao comando de "para cima", as crianças deverão levantar o bambolê; ao comando de "para baixo", as crianças deverão abaixá-lo. Nesse caso, os comandos também não devem ter uma alternância simples.

7º EXERCÍCIO

Preparação: A professora deve espalhar os bambolês no chão, providenciar um pedaço de giz para cada criança e espalhar brinquedos ou objetos com forma de círculo ou que tenham partes com forma de círculo.

Desenvolvimento: As crianças devem iniciar o exercício sentadas dentro dos bambolês, de posse de um pedaço de giz. A professora solicita que elas contornem o interior do bambolê com o giz no solo, desenhando um círculo no chão, e nomeia a figura como "círculo". Em seguida, ela solicita às crianças que olhem em volta e descubram outros objetos com o formato de círculo ou com partes que tenham esse formato (rodas de carrinhos, bolas etc.).

NA SALA DE AULA

- A professora pode pedir às crianças que, com canetas coloridas, cubram pontilhados que formam círculos de vários tamanhos, para depois pintá-los com cores diferentes.

- Pesquisando em revistas, as crianças podem descobrir, recortar e colar, em folhas de papel, figuras com formato de círculos.
- Diante de um conjunto de figuras desenhadas em preto e branco, as crianças devem colorir as figuras, ou partes delas, que tenham a forma de círculo.
- Apresentar desenhos incompletos, cujas partes que faltam tenham a forma de círculo, e pedir às crianças que as completem. Exemplo: um carro sem as rodas; uma árvore de Natal sem as bolas; um robô sem os olhos etc.
- Dar pratinhos de plástico coloridos às crianças e uma folha de cartolina de tamanho médio e pedir que agrupem os pratinhos verdes no lado esquerdo da folha, os vermelhos no lado direito, os azuis na parte de cima e os amarelos na parte de baixo.
- Essas atividades podem ser repetidas com outros materiais: tampinhas, palitos, massa de modelar colorida etc.

OBJETIVOS: Percepção espacial, lateralidade, coordenação.

NA RECREAÇÃO

Materiais: Folhas de jornal duplas.

1º EXERCÍCIO

Preparação: A professora deve dispor de uma pequena pilha de folhas de jornal duplas.

Desenvolvimento: As crianças pegam uma folha cada uma e formam uma fila, uma ao lado da outra. Segurando a folha de jornal pelas extremidades, ao comando de "já", elas devem soltar a folha de jornal aberta na frente do seu corpo e, andando com passadas largas e rápidas, devem mantê-la junto ao corpo sem segurá-la com as mãos, até chegar ao outro lado do pátio. Esse exercício deve ser repetido duas ou três vezes.

2º EXERCÍCIO

Preparação: As mesmas folhas de jornal do exercício anterior.

Desenvolvimento: A professora deve pedir às crianças que enrolem sua folha de jornal, transformando-a num canudo. Em seguida, ela solicita que cada criança coloque o canudo no chão e se posicione perto dele. Aos comandos de "direita" ou "esquerda", as crianças pularão, com os dois pés, do lado do canudo indicado pelo comando.

3º EXERCÍCIO

Preparação: As mesmas folhas de jornal enroladas.

Desenvolvimento: A professora solicita que cada criança pegue uma folha e a amasse, formando uma bolinha. Ao sinal de "já", as crianças devem lançar essa bolinha para cima e tornar a pegá-la, procurando não deixá-la cair. O exercício deve ser continuado até a professora dar o sinal de parada.

4º EXERCÍCIO

Preparação: As mesmas bolinhas de papel do exercício anterior.

Desenvolvimento: As crianças devem movimentar-se, ao mesmo tempo em que jogam a bolinha para cima e batem palmas quando ela estiver no alto. Aqui também as crianças devem continuar o exercício até a professora determinar seu fim.

5º EXERCÍCIO

Preparação: Uma caixa de papelão e as mesmas bolinhas de jornal dos dois exercícios anteriores.

Desenvolvimento: As crianças, de posse de suas bolinhas, devem se posicionar em círculo ao redor da caixa de papelão. Ao comando da professora, devem jogar as bolinhas procurando fazê-las cair dentro da caixa.

6º EXERCÍCIO

Preparação: As mesmas bolinhas de jornal.

Desenvolvimento: As crianças, de posse de suas bolinhas, devem sentar em círculo. Ao sinal de "já", elas devem passar sua bolinha para o colega à sua esquerda ao mesmo tempo em que pegam a bolinha que o colega da direita está passando para elas. Deve formar-se uma corrente de bolinhas sendo passadas de uma criança para outra, sem que caiam no chão. O exercício continua até a professora dar ordem de parar.

NA SALA DE AULA

- Picotar, com as mãos, folhas de jornal e colocá-las dentro de uma meia velha, confeccionando uma bola de meia. Em seguida, a professora pode utilizar os comandos "direita" ou "esquerda" para fazer as crianças passarem a bola para o colega que está do lado indicado pela ordem.
- Formar bolinhas de jornais bem pequenas para serem coladas em círculos desenhados numa folha ofício. Cada criança formará inicialmente dez bolinhas, que deverá colar no círculo indicado, ocupando todo o espaço. Num segundo momento, receberá novamente dez bolinhas, devendo colá-las num círculo maior, também ocupando todo o espaço.
- As crianças podem receber folhas de papel divididas ao meio por um traço, devendo desenhar o que quiserem do lado direito ou do lado esquerdo do traço, conforme a ordem dada pela professora. Depois a professora deve pedir a cada criança que descreva o que desenhou.
- As crianças recebem uma folha quadriculada, com quadrados em tamanho grande, e um lápis colorido. A professora deve desenhar, na lousa, o mesmo quadriculado. As crianças marcam o ponto de partida e o de chegada (o mesmo é feito pela professora na lousa). Começando pelo ponto de partida, a professora vai dando ordens, executando-as na lousa para que as crianças entendam bem o que ela quer. O lápis não pode ser levantado do papel. "Um tracinho para a direita. Agora um para cima. Outro tracinho para a direita. Agora um para baixo..." A professora continua até que ela e as crianças tenham atingido, com os traços, o ponto de chegada. Em seguida, ela pode dar outra folha quadriculada para as crianças e dar outra sequência de ordens, sem apresentar nenhum modelo na lousa.

A mesma brincadeira pode ser feita substituindo o traço do lápis por um barbante, uma fita crepe etc.

OBJETIVOS: Noções de formas geométricas.

NA RECREAÇÃO

Materiais: Giz, barbante e cartolina recortada segundo três formas geométricas (quadrado, círculo, triângulo), em tamanhos grandes.

1º EXERCÍCIO

Preparação: A professora deve colocar previamente as figuras em três cantos do pátio, penduradas a uma altura de mais ou menos 1,5 m.

Desenvolvimento: A professora apresenta as formas geométricas para as crianças e repete várias vezes o nome das figuras, fazendo com que elas também o repitam. Em seguida, ela reúne as crianças no canto do pátio em que não há nenhuma figura. Quando ela disser, em voz alta, o nome de uma figura, as crianças deverão correr até o canto em que essa figura se encontra. Elas devem permanecer lá esperando que a professora nomeie outra figura, quando elas correrão para o canto correspondente, e assim várias vezes.

2º EXERCÍCIO

Preparação: A professora deve desenhar, no chão, quadrados, círculos e triângulos, em tamanho suficiente para que três crianças caibam em pé dentro de cada desenho.

Desenvolvimento: As crianças devem formar uma fileira, a uma certa distância da área desenhada. Ao comando da professora de "triângulo", "quadrado" ou "círculo", a primeira criança deve correr para dentro da figura nomeada. Em seguida, a professora vai nomear uma outra figura e a segunda criança correrá para dentro dela, e assim sucessivamente, até que todas as crianças estejam dentro das figuras.

3º EXERCÍCIO

Preparação: Figuras geométricas (círculos, triângulos e quadrados) cortadas em cartolina.

Desenvolvimento: Ao comando de "círculo", as crianças deverão segurar a figura indicada, correr até o outro lado do pátio e voltar ao ponto inicial, onde receberão outros comandos.

4º EXERCÍCIO

Preparação: Várias figuras geométricas (círculos, triângulos e quadrados) cortadas em cartolina e três saquinhos de pano, cada um com o desenho de uma das três figuras geométricas.

Desenvolvimento: A cada comando da professora, "círculo", "triângulo" ou "quadrado", as crianças devem guardar as figuras de cartolina correspondentes ao comando no saquinho com o desenho equivalente à figura nomeada.

5º EXERCÍCIO

Preparação: Pedaços de barbante com 30 cm de tamanho, aproximadamente.

Desenvolvimento: As crianças devem sentar em círculo. Cada uma recebe quatro pedaços de barbante. Aos comandos da professora de "círculo", "triângulo" ou "quadrado", as crianças devem formar, no solo, as figuras correspondentes aos comandos. Uma vantagem adicional de dispor de vários pedaços de barbante é fazer a criança aprender o número de lados da figura a ser construída e utilizar a quantidade de pedaços de barbante adequada (com exceção do círculo, que pode ser construído com quantos pedaços de barbante a criança quiser).

NA SALA DE AULA

- As crianças podem identificar e nomear, nos objetos presentes na sala de aula, as figuras de círculos, triângulos e quadrados.
- Cobrir linhas pontilhadas que formam o contorno de círculos, triângulos e quadrados e em seguida colorir os círculos de azul, os triângulos de amarelo e os quadrados de vermelho.
- Recortar círculos, triângulos e quadrados e colar sobre a parte sombreada em folha ofício, como num álbum de figurinhas.
- As crianças, após receberem cinco círculos, cinco triângulos e cinco quadrados, deverão fazer colagens, criando desenhos de sua livre escolha. Em seguida, cada criança deve verbalizar o que representam suas figuras.
- A criança deverá medir, com um barbante, os lados de duas figuras que tenham lados diferentes e descobrir qual é o maior e o menor.

OBJETIVOS: Coordenação motora, relações de parentesco.

NA RECREAÇÃO

Materiais: Barbante, peteca.

1º EXERCÍCIO

Preparação: Este exercício não requer nenhum material específico.
Desenvolvimento: As crianças iniciam o exercício em círculo. A professora e as crianças cantam a cantiga abaixo, ao mesmo tempo em que devem se locomover da direita para a esquerda (ou vice-versa), parar e fazer gestos:

Fui à Espanha... (as crianças esticam, à sua frente, o braço direito ou o esquerdo, conforme a solicitação da professora)
buscar o meu chapéu... (as crianças colocam as mãos sobre a cabeça)
azul e branco... (as crianças andam, fazendo a roda girar)
da cor daquele céu... (as crianças param e apontam para o céu)
palma, palma, palma... (as crianças param e batem palmas)
pé, pé, pé... (as crianças, paradas, batem os pés no solo)
roda, roda, roda... (cada criança gira em torno de si mesma)
caranguejo peixe é... (as crianças fazem um movimento circular com os antebraços)
caranguejo não é peixe... (as crianças fazem sinal de não com a mão)
caranguejo peixe é, caranguejo só é peixe na vazante da maré (a roda recomeça a girar, para a direita ou a esquerda).

O mesmo tipo de exercício pode ser feito com a cantiga abaixo, que introduz a figura da avó, abrindo o caminho para a discussão das relações de parentesco. Nesta brincadeira é necessário um número ímpar de crianças.

Samba crioula que veio da Bahia... (as crianças giram em torno de si mesmas, com as mãos na cintura)
pega essa criança e joga na bacia... (param, fazendo gestos de ninar)
a bacia é de ouro, areada com sabão... (recomeçam a girar, fazendo movimentos circulares com as mãos)
depois de areada enxuga seu roupão... (param e fazem movimento de enxugar)
seu roupão é de seda, camisinha de filó... (giram novamente, puxando a barra da blusa)
roupinha de veludo para quem ficar vovó. (as crianças param de girar e correm, buscando um par. A criança que sobrar será a vovó)
A bênção, vovó! A bênção, vovó! A bênção, vovó! (as crianças se aproximam daquela que ficou para vovó e beijam sua mão).

2º EXERCÍCIO

Preparação: A professora deve providenciar uma peteca para cada criança.

Desenvolvimento: Cada criança deverá segurar a sua peteca com a mão esquerda, bater de baixo para cima com a direita e pegá-la com as duas mãos, tentando não deixá-la cair no chão. As crianças devem continuar fazendo o exercício até a professora dar ordem para parar. Depois deverão executar o mesmo exercício invertendo o movimento das mãos.

3º EXERCÍCIO

Preparação: A professora providencia uma peteca para cada criança e divide a turma em dois grupos, separados por um barbante com uma altura aproximada de 1,5 m.

Desenvolvimento: As crianças deverão segurar a peteca com a mão esquerda e bater com a direita, fazendo com que a peteca passe por cima do barbante, indo em direção a outra criança. Essa criança, por sua vez, deverá, com os mesmos movimentos, jogar a peteca para uma das crianças do lado oposto.

4º EXERCÍCIO

Preparação: Um lenço, para vendar os olhos.

Desenvolvimento: As crianças iniciam o exercício sentadas em duas fileiras, uma em frente da outra, formando duas equipes. A professora venda os olhos de uma criança de uma equipe com o lenço. Em seguida, ela aponta para uma criança da outra equipe e esta deve executar um tipo de som (bater palmas, imitar um animal, assobiar etc.). A criança que tem os olhos vendados deve indicar a direção de onde veio o som. Essa brincadeira deve ser repetida alternando as equipes.

5º EXERCÍCIO

Preparação: Este exercício não requer nenhum material especial.

Desenvolvimento: As crianças ficam sentadas em círculo. A professora, no meio do círculo, imita um som da natureza, ou vozes de animais, ou ainda ruídos do dia a dia (por exemplo, o ruído do vento, o latir de um cachorro, o pingar de uma torneira). As crianças devem identificar o que cada som representa.

NA SALA DE AULA

- As crianças recebem folhas com desenhos de petecas, grandes e pequenas, e recortes de penas coloridas, também grandes e pequenas. Elas deverão colar as penas nas petecas desenhadas, de acordo com o tamanho das petecas.
- A professora sentará com as crianças em círculo e lhes contará que a peteca é um brinquedo muito antigo, que até a vovó brincava com peteca. Aproveitando o tema, formulará perguntas que levarão as crianças a descrever as avós, a dizer o nome delas e de outras pessoas da família, explicitando o grau de parentesco. Por exemplo: Quem são os nossos parentes? A avó é mãe de quem? Quantas avós há na família? etc.
- Com base nos depoimentos das crianças, a professora poderá mostrar as diferenças no tamanho das famílias, esclarecer relações de parentesco que podem existir em uma família e fazer cada criança descrever sua própria família.
- Utilizando revistas velhas, a professora pode solicitar que as crianças recortem figuras humanas de idades diferentes e as colem numa folha, formando um grupo familiar. Depois solicitará que as crianças descrevam o parentesco existente no grupo de pessoas presentes na figura formada.
- A professora pode pedir às crianças que fiquem em silêncio e procurem prestar atenção aos sons que ouvem. Depois ela pede que descrevam o que ouviram.
- A professora pode solicitar que as crianças contem as brincadeiras, ou cantem músicas, que algum parente (mãe, avó, tia etc.) costuma realizar com elas.

OBJETIVOS: Ritmo, coordenação, *lateralidade (direita, esquerda)*

NA RECREAÇÃO

Material: Giz.

1º EXERCÍCIO

Preparação: Este exercício não requer nenhum material específico.

Desenvolvimento: As crianças deverão ser distribuídas em duas filas. A professora canta com as crianças as cantigas abaixo, enquanto elas marcham, batendo os pés, alternando a perna esquerda e a direita no ritmo da marcha:

Marcha, soldado

Um, dois

Marcha, soldado,
cabeça de papel,
se não marchar direito,
vai preso no quartel.
O quartel pegou fogo,
a polícia deu o sinal,
acudam, acudam, acudam
a bandeira nacional.

1, 2, feijão com arroz,
3, 4, feijão no prato,
5, 6, feijão do freguês,
7, 8, feijão com biscoito,
9, 10, vai na bica lavar os pés.

A música deve ser repetida em ritmos diferentes (mais rápido e mais lento).

2º EXERCÍCIO

Desenvolvimento: Na primeira figura, a professora pedirá às crianças que pulem dentro dos quadrados da seguinte forma: a) com os dois pés juntos; b) com as pernas afastadas, um pé em cada quadrado. Na segunda figura, as crianças deverão pular com um pé em cada quadrado (alternando esquerda e direita). Na terceira figura, as crianças deverão, sozinhas ou com a ajuda da professora ou de colegas, pular nos quadrados da seguinte forma: duas vezes com o pé direito, duas vezes com o esquerdo, e, no final, um pulo com o direito e um com o esquerdo. Os exercícios podem ser repetidos quantas vezes a professora achar necessário.

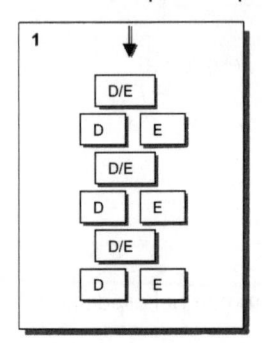

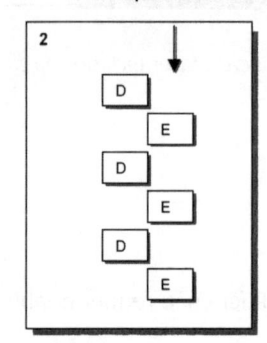

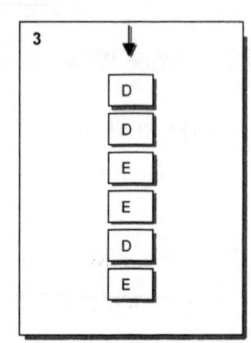

3º EXERCÍCIO

Preparação: A professora deve desenhar várias linhas no chão do pátio, conforme os desenhos abaixo:

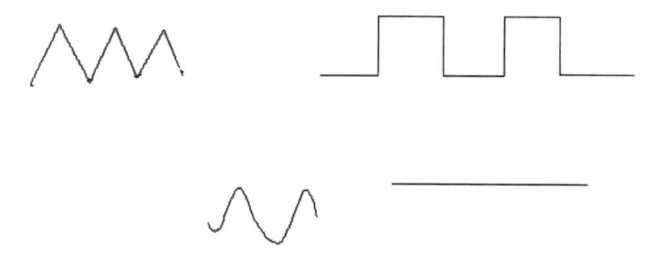

Desenvolvimento: As crianças devem caminhar sobre as linhas. Na primeira passagem, devem andar lentamente. Na segunda, andar mais rapidamente, e, na terceira, devem correr.

4º EXERCÍCIO

Preparação: A professora desenhará, com giz no solo, três linhas de mesmo comprimento (aproximadamente três metros) e de larguras diferentes (40 cm, 30 cm e 20 cm).

Desenvolvimento: As crianças devem se posicionar numa única fila, de frente para a primeira linha. Num primeiro momento, elas deverão caminhar sobre a linha na ordem da mais larga para a mais estreita, com os braços abertos na altura dos ombros. Num segundo momento, elas deverão realizar o mesmo exercício, porém com os olhos fechados. De vez em quando elas deverão abrir os olhos para verificar se estão caminhando corretamente sobre as linhas.

NA SALA DE AULA
- As crianças podem receber folhas com figuras pontilhadas formando vários animais. As crianças deverão contornar os pontilhados para verificar quais os animais que aparecerão na folha.

- A professora distribui folhas com desenhos de retas nas posições horizontal, vertical e inclinada. As crianças podem recortar tiras de papel colorido e colá-las sobre as linhas.
- A professora solicita que as crianças façam bolinhas de papel. Em seguida, ela lhes entrega uma folha de papel com desenhos de linhas curvas; as crianças devem colar as bolinhas acompanhando as curvas.
- As crianças recebem uma folha de papel com desenhos de linhas paralelas, com diferentes espaçamentos entre os pares de linhas. Elas devem desenhar uma linha entre as paralelas, sem que o traçado toque nas bordas, começando das mais espaçadas às mais próximas. Em outra folha semelhante, elas devem desenhar laçadas entre linhas paralelas.
- A professora poderá dizer palavras, frases ou ainda fazer gestos, e as crianças deverão realizar sua representação por linhas em uma folha de papel. Por exemplo: "*ondas do mar*", "*gira, gira*", "*sobe e desce*", "*escadinha*" etc.

OBJETIVOS: Dramatização, ritmo, um dos sentidos (olfato), coordenação motora.

NA RECREAÇÃO

Materiais: Pequenos frascos contendo substâncias diferentes com cheiros bem definidos (café, álcool, perfume, alho, cebola, tangerina etc.).

1º EXERCÍCIO

Preparação: Para este exercício não é necessário nenhum material específico.

Desenvolvimento: As crianças começam o exercício em pé, de mãos dadas, formando um círculo. Junto com a professora, devem brincar de roda e fazer gestos conforme o desenrolar da cantiga:

Pai Francisco

Pai Francisco entrou na roda... (uma ou mais crianças entram na roda) *tocando seu violão, tererem, tererem, tererem, tererem...* (todas as crianças fazem os gestos de quem está tocando um violão)

mas vem de lá "seu" delegado... (as crianças colocam as mãos na cintura)
e Pai Francisco foi pra prisão... (ainda com as mãos na cintura) *como ele vem todo requebrando... parece um boneco desengonçado.* (as crianças de dentro da roda voltam para o seu lugar, requebrando como bonecos de mola)

A canção é repetida várias vezes e, a cada vez, uma ou mais crianças entram na roda para representar o Pai Francisco.

2º EXERCÍCIO

Preparação: Para este exercício não é necessário nenhum material específico.

Desenvolvimento: As crianças, em pé, posicionam-se enfileiradas. A professora avisa que agora elas irão passear por uma floresta e que deverão representar, com movimentos e posturas, aquilo que forem encontrando pelo caminho. À medida que elas caminham contornando o pátio, a professora vai descrevendo o que acontece na floresta: "Atenção, aqui tem um córrego. Vocês precisam pular o córrego para não molhar os pés" (todas as crianças devem dar um pulo, como se estivessem saltando sobre o córrego); "Olha aí, um coelho assustado, ele está correndo dando pulinhos, morrendo de medo..." (as crianças devem correr aos pulinhos, com expressão de medo no rosto); "Vejam, aí vai uma formiguinha, andando toda rapidinha, remexendo o quadril..." (as crianças imitam o andar rápido e o balanço de uma formiga); "Olha o tronco aí na frente, vamos ter que engatinhar para passar dentro dele..." (as crianças se movimentam engatinhando) etc.

3º EXERCÍCIO

Preparação: Este exercício não requer nenhum material específico.

Desenvolvimento: As crianças devem formar um par com um colega. A professora e as crianças cantam "Pirulito que bate, bate", batendo palmas com o par. Elas irão cantar normalmente, depois bem rapidamente e, em seguida, bem lentamente.

A professora pode introduzir novas formas de bater palmas: bater nas coxas, bater cruzado etc.

4º EXERCÍCIO

Preparação: Este exercício não requer nenhum material específico.

Desenvolvimento: As crianças devem ficar sentadas, em círculo, e fazer os movimentos correspondentes às situações descritas pela professora, no ritmo adequado:

- *plac, plac, plac...* (alguém batendo na porta);
- *plec, plec, plec...* (o martelo batendo na parede);
- *roc, roc, roc...* (o serrote serrando);
- *ploc, ploc, ploc...* (o andar do cavalo);
- *tic-tac, tic-tac...* (o barulho do relógio);
- *bum, bum, bum...* (batendo o tambor);
- *plic, plic, plic...* (o pingar da goteira).

5º EXERCÍCIO

Preparação: A professora deve dispor de frascos pequenos, ou tigelinhas, contendo substâncias de cheiros diferentes: álcool, café, perfume, cebola, alho, tangerina etc.

Desenvolvimento: As crianças começam o exercício sentadas no chão, em círculo. A professora avisa que a brincadeira é de adivinhação e que é proibido dizer o nome daquilo que está nos vidrinhos. Depois ela faz uma criança fechar os olhos e cheirar o conteúdo de um dos frascos e lhe pergunta: "O que a gente faz com isso que tem no vidrinho?". Depois que a criança responde (por exemplo, no caso do café: "A gente põe no leite e toma de manhã, com pão e manteiga"), a professora chama outra criança e pede que ela adivinhe o que está no vidrinho. Ela faz o mesmo com todos os frascos, tomando cuidado para que todas as crianças tenham a oportunidade de sentir alguns dos odores.

NA SALA DE AULA

- A professora pode entregar folhas com a figura de um violão e as crianças completarão com as cordas (retas na horizontal).
- A professora pode entregar folhas de papel com o contorno pontilhado de animais e plantas que podem ser encontrados numa floresta: uma flor, uma árvore, um coelho, uma tartaruga, uma cobra, um macaco, um pássaro etc. As crianças deverão cobrir o pontilhado com lápis e depois colorir as figuras.

- A professora entrega às crianças várias figuras recortadas e pede que elas agrupem os desenhos de acordo com alguma propriedade específica: cor, tamanho, animais, plantas etc.
- As crianças recebem uma folha com o desenho de um trenzinho com fumaça saindo da chaminé em forma de laçadas (*l* ou *e*, ou em forma de *i* ou de *u*). Acompanhando os versinhos abaixo, elas devem continuar a desenhar as laçadas (ou as letras). A professora pode repetir os versos quantas vezes quiser.

   O trem de ferro
   Quando sai de Pernambuco,
   Vai fazendo fuco-fuco
   Até chegar no Ceará.

- O mesmo pode ser feito com figuras que tenham alguma parte redonda, cujo traçado a criança deve acompanhar, repetindo movimentos circulares, até o final dos versos:

   Meu lápis vai rodando,
   Vai rodando sem parar,
   O meu lápis vai rodando
   Veja o que vai desenhar.

   Os traços redondos que a criança vai desenhando podem ser as letras *a* ou *o*. Outros tipos de traçado podem ser executados pelas crianças, com a utilização de outros materiais (giz colorido, canetas hidrocor, lápis de cera etc.) e outros versinhos.
- A professora pode levar as crianças a percorrer a escola, pedindo-lhes para que prestem atenção aos cheiros. De volta à sala de aula, ela irá interrogá-las: "Que cheiros vocês sentiram?", "Onde sentiram esse cheiro?", "Que cheiro é agradável (ou desagradável)?", "Vamos dizer que coisas têm cheiro agradável e aquelas que têm cheiro desagradável?".

OBJETIVOS: Noção de maior e menor, de longe e perto, de alto e baixo, de ordenação.

NA RECREAÇÃO

Materiais: Pedaços de giz colorido, rolo de barbante, tesoura, bolas amarradas a barbantes de diferentes comprimentos.

1º EXERCÍCIO

Preparação: A professora deve dispor de giz de várias cores e desenhar três grandes círculos no chão, com cores diferentes, escrevendo "altos", "médios" e "baixos".

Desenvolvimento: A professora pede a cada criança que se encoste à parede e marca, com giz, a altura de cada uma, com o respectivo nome. Em seguida, ela aponta para as marcas na parede, nomeia as crianças, e elas, comparando as alturas, com a ajuda da professora, vão formando grupos de crianças altas, médias e baixas, colocando-se dentro dos círculos correspondentes.

2º EXERCÍCIO

Preparação: A professora cortará um barbante para cada criança, correspondente à sua altura.

Desenvolvimento: Cada criança colocará o barbante no chão, à sua frente. Ao comando de "já", as crianças deverão pular, tentando ultrapassar o comprimento do barbante.

3º EXERCÍCIO

Preparação: As bolas devem ficar penduradas, em alturas diferentes.

Desenvolvimento: A professora divide as crianças em dois grupos, procurando igualar o número de crianças baixas e altas, em cada grupo. Apontando para a primeira bola, a professora vai pedir que as crianças de cada grupo escolham o elemento do grupo que, levantando os braços, vai bater a mão na bola pendurada, sem pular. As crianças indicadas vão até as bolas, para fazer o teste. Isso será feito sucessivamente para todas as bolas.

4º EXERCÍCIO

Preparação: Este exercício não requer nenhum material específico.

Desenvolvimento: A professora seleciona quatro crianças para ficarem à parte e pede que as demais formem uma fila, procurando se organizar da menor para a maior. A professora deve ajudar as crianças para que a fila fique em ordem. Em seguida, ela chama, uma a uma, as crianças que ficaram à parte e pede às outras crianças que encontrem o lugar certo em que cada uma das quatro deve ficar.

5º EXERCÍCIO

Preparação: Um pedaço de giz para cada criança.

Desenvolvimento: As crianças devem ficar em pé, formando pares (em que uma criança é maior e a outra é menor). De olhos fechados, devem tocar as mãos uma da outra para procurar adivinhar qual tem a mão maior e qual tem a menor. Em seguida, devem colocar a mão espalmada no chão, contorná-la com o giz e comparar o tamanho da própria mão com o tamanho da mão do colega, confirmando qual é a maior e qual é a menor.

6º EXERCÍCIO

Preparação: A professora deve cortar pedaços de barbante de diferentes tamanhos, um para cada criança. Os pedaços devem ficar enrolados, para que as crianças não percebam qual é o tamanho de cada pedaço.

Desenvolvimento: A professora deve entregar um pedaço de barbante para cada criança. Colocando-se no meio do pátio, ela vai segurar a ponta do barbante de cada uma e vai pedir que elas se afastem, segurando a outra ponta, até os barbantes ficarem bem esticados. Em seguida, ela perguntará às crianças quem ficou mais longe e quem ficou mais perto e por que algumas ficaram mais perto e outras, mais longe. Nesse último caso, pede às crianças para esticarem os barbantes no chão, lado a lado, e ordená-los por tamanho para compararem os comprimentos.

Com os barbantes ainda no chão, ela pode ainda apontar para um ponto do pátio e perguntar às crianças quais os barbantes que podem chegar até lá e quais os que não podem. Depois as crianças vão confirmar suas respostas fazendo o teste com os barbantes.

7º EXERCÍCIO
Preparação: Pedaços de barbante de diferentes tamanhos.
Desenvolvimento: As crianças se posicionam em uma fila horizontal, em um dos lados do pátio. A professora amarra cada pedaço de barbante aos tornozelos de cada criança, limitando seus movimentos de locomoção. Em seguida, ao sinal de "já", as crianças devem caminhar até atravessar o pátio. Finalmente, ela vai perguntar por que algumas chegaram mais depressa e outras demoraram mais.

8º EXERCÍCIO
Preparação: Este exercício não requer nenhum material específico.
Desenvolvimento: As crianças ficam sentadas no chão, formando um círculo. Elas levantam as mãos para o alto quando a professora dá o comando "alto", ou põem as mãos na cintura quando ela diz "médio". ou encostam as mãos no chão quando ela diz "baixo".

EM SALA DE AULA
- As crianças podem receber folhas de papel onde estão desenhadas retas de diferentes comprimentos. Elas devem cortar e colar pedaços de barbantes correspondentes ao comprimento das linhas desenhadas.
- As crianças podem cortar, em cartolina, formas geométricas (quadrados, círculos ou triângulos), conservando a forma, mas variando o tamanho, e depois agrupá-los em três conjuntos: os grandes, os médios e os pequenos.
- A professora apresenta lenços de diferentes cores. Ela avisa que os lenços vermelhos são para os mais altos e os verdes para os mais baixos, e pede que as crianças digam o nome de quem deve receber um lenço de cada cor.
- As crianças podem receber canudinhos de plástico (de refrigerantes) cortados em tamanhos diferentes e devem formar "escadinhas", colando os canudinhos num papel, em ordem crescente ou decrescente.
- As crianças receberão caixas vazias e várias peças de material plástico de quatro tamanhos diferentes. Elas deverão organizá-las nas caixas, de acordo com os tamanhos.

- As crianças podem ser chamadas para descrever quem é mais alto e quem é mais baixo em sua família.
- Organizar copinhos com tamanhos diferentes, do mais baixo ao mais alto (e vice-versa).

OBJETIVOS: *Noção de classificação, de diferenças e semelhanças, conhecimento do corpo humano.*

NA RECREAÇÃO

Materiais: Saquinhos contendo peças de plástico coloridas (amarelas, vermelhas, azuis e verdes) de três tamanhos diferentes (grandes, médias e pequenas) e formas diferentes (quadradas e redondas). Fitas coloridas (amarelas, vermelhas, azuis e verdes), bolas de aniversário coloridas (também amarelas, vermelhas, azuis e verdes) e já cheias de ar, aparelho de som portátil, CD da Xuxa com a música que fala das partes do corpo humano.

1º EXERCÍCIO

Preparação: A professora deve ter, à sua disposição, o aparelho de som e o CD da Xuxa.

Desenvolvimento: As crianças ficam em pé, formando um círculo. Ao som da música, dançam e fazem gestos, tocando as partes do corpo correspondentes aos versos da música.

2º EXERCÍCIO

Preparação: A professora contorna, com giz, os quadrados do piso do pátio, dando relevo ao formato deles. Em cada quadrado serão escritas as vogais *A* ou *E*, de forma casual, objetivando formar uma grande cartela.

A	A	E	A
E	E	A	A
A	E	A	E
E	A	A	E

Desenvolvimento: Cada criança deverá pular nos quadrados, conforme o comando da professora: "A" ou "E". O mesmo exercício pode ser repetido utilizando-se outras vogais.

3º EXERCÍCIO

Preparação: Bolas coloridas, agrupadas num dos lados do pátio, com as cores misturadas.

Desenvolvimento: A professora forma quatro equipes de crianças (a equipe dos amarelos, dos azuis, dos vermelhos e dos verdes) identificadas pela fita colorida que ela amarra no braço de cada uma. As crianças se posicionam em quatro fileiras, do lado oposto àquele em que estão as bolas. Ao comando de "já", as primeiras crianças de cada fileira devem correr até as bolas, pegar uma igual à cor de sua fita, voltar correndo até o ponto de partida e fazer a bola estourar sentando nela com força. Quando a bola de uma equipe estoura, a segunda criança da equipe corre para pegar a sua bola e assim sucessivamente, até todas terem executado a tarefa.

4º EXERCÍCIO

Preparação: As crianças devem estar de posse de um pedaço de giz.

Desenvolvimento: As crianças formam pares. Um dos elementos do par deita-se no chão, enquanto o outro desenha, com o giz, o seu contorno no chão. Em seguida, elas invertem a tarefa. Depois que todas as crianças tiveram o contorno desenhado, elas ficam em pé dentro de seu próprio contorno. À medida que a professora vai nomeando as principais partes do corpo ("cabeça", "braços", "mãos", "peito", "barriga" etc.), as crianças pulam e colocam os pés sobre a parte nomeada.

5º EXERCÍCIO

Preparação: Para este exercício não é necessário nenhum material específico.

Desenvolvimento: As crianças ficam em pé, formando um círculo. A professora se coloca no meio do círculo. Ela vai girando à medida que a atividade se desenvolve, de forma a ficar de frente para uma criança de cada vez. Rapidamente, ela toca uma parte do próprio corpo e a criança que está à sua frente deve dizer imediatamente o nome da parte tocada por ela. A professora pode começar apontando para as partes mais amplas do corpo (como cabeça, pernas, pés, braços) e gradualmente solicitar mais detalhes (sobrancelhas, ombro, cotovelo, pulso, tornozelo etc.); com isso, ela poderá avaliar o grau de conhecimento das crianças a respeito do corpo.

6º EXERCÍCIO

Preparação: Cada criança deve ter, à disposição, um saquinho com peças de plástico ou de cartolina, com cores, formas e tamanhos misturados.

Desenvolvimento: As crianças ficam sentadas no chão. A professora entrega os saquinhos e pede a elas que despejem o conteúdo no chão à sua frente. Em seguida, comenta que as peças estão todas misturadas, que é preciso colocá-las em ordem e pergunta às crianças como isso poderia ser feito. Ela vai deixar que elas arrumem as peças de acordo com o critério que for mais evidente para cada uma. Quando as crianças tiverem terminado, ela vai perguntar a cada criança por que arrumou as peças daquele jeito. Se perceber que todas agruparam as peças de acordo com um só critério, ela vai perguntar se é possível arrumá-las de outro jeito ou ainda melhor, e vai incentivar a descoberta do segundo e do terceiro critérios. Se algumas crianças já agruparam as peças utilizando dois ou três critérios concomitantemente, ela vai mostrar isso às demais crianças e pedir que façam o mesmo.

NA SALA DE AULA

- A professora pode entregar às crianças recortes em cartolina das partes de um bonequinho. Em seguida, ela solicita que elas colem, numa folha, todas as partes, formando o corpo completo.
- A professora pode entregar às crianças uma folha com várias figuras humanas (homens, mulheres, crianças, bebês etc.) em que faltam partes do corpo e pedir a elas que completem as figuras, desenhando as partes que faltam.
- A professora entrega uma folha em branco e lápis de cor para cada criança e pede que elas desenhem uma pessoa, insistindo com elas para que não falte nenhuma parte do corpo. Depois, cada criança vai contar quem é a pessoa que ela desenhou.

- A professora entrega uma folha média de cartolina com o desenho de um tabuleiro com nove casetas (formando um quadrado de 3 x 3 casetas). Em seguida, ela entrega, a cada criança, um conjunto de figuras geométricas recortadas em cartolina, com as formas de triângulos, quadrados e círculos, nas cores vermelha, amarela e azul, e em dois tamanhos diferentes (grandes e pequenos). Ela pede às crianças que coloquem as figuras no tabuleiro de modo que fiquem bem arrumadas. Ela vai observar quais os critérios que as crianças utilizam para arrumar as figuras, se utilizam uma ordem de entrada no tabuleiro, tanto no sentido vertical como no horizontal (por exemplo: na primeira linha, as figuras azuis, na segunda, as amarelas etc.; na primeira coluna, os triângulos, na segunda, os quadrados etc.). Após o término da tarefa, ela vai conversar com as crianças, incentivando-as a descobrir todos os critérios possíveis e a organizar o tabuleiro da melhor maneira possível.
- O mesmo jogo pode ser trabalhado estabelecendo regras prévias. Por exemplo, a professora pode colocar uma das peças no tabuleiro (por exemplo, um triângulo verde) e pedir às crianças que coloquem mais uma peça ao lado da primeira (na lateral) que combine, por algum critério, com a peça já colocada (outro triângulo ou outra peça verde). Em seguida ela acrescenta outra peça, na vertical, utilizando um critério diferente daquele utilizado pelas crianças (se elas utilizaram a cor, agora é utilizada a forma); ela solicita às crianças a colocação de mais uma peça combinando com a que ela colocou, e assim sucessivamente.
- A professora pode entregar uma folha a cada criança com o desenho de objetos (xícaras, pires e copos) todos misturados. A criança deve recortar as figuras e colá-las numa folha em branco, formando grupos com aquelas que combinam.
- A professora pergunta às crianças de que forma elas poderiam organizar a classe para que fique arrumada, dando-lhes pistas para descobrir critérios (por exemplo: "Essa turma tem meninos e meninas" ou "Aqui na classe temos crianças com blusas de cores diferentes" etc.).
- A professora pode entregar uma folha contendo vários conjuntos de figuras. Em cada conjunto, todas as figuras são iguais, menos uma, que é levemente diferente das demais. As crianças devem desenhar um círculo que englobe a figura diferente.

- Um exercício semelhante pode ser feito com uma folha onde estão desenhados: uma figura que serve como modelo e um conjunto de figuras semelhantes, mas das quais só uma é exatamente igual à figura-modelo. As crianças devem desenhar um círculo ao redor da figura igual.

OBJETIVOS: *Linguagem, expressão, rima, associação de palavras e resgate de algumas canções do folclore brasileiro.*

NA RECREAÇÃO
Materiais: Saquinhos de papel, uma bola.

1º EXERCÍCIO

Preparação: Este exercício não requer nenhum material específico.

Desenvolvimento: As crianças, em roda, cantam "Ciranda, cirandinha", correm e fazem voltas, de acordo com a letra da cantiga. Ao final da cantiga, uma criança escolhida deve entrar na roda para recitar um verso. A cantiga é repetida até que todas tenham entrado na roda.

2º EXERCÍCIO

Preparação: Vários objetos que representam algum aspecto da natureza (uma flor, um montinho de areia, uma pedra, uma folha, um inseto etc.).

Desenvolvimento: As crianças ficam sentadas em círculo, ao redor dos objetos. A professora pede que cada uma escolha um objeto, que diga por que o escolheu, para que serve, de onde vem etc.

3º EXERCÍCIO

Preparação: Este exercício não requer nenhum material específico.

Desenvolvimento: As crianças ficam em pé em dois semicírculos, formando duas equipes. A professora diz uma palavra e uma das crianças de uma equipe deve dizer outra que tenha a mesma terminação (rima) daquela dita pela professora (por exemplo: *fogão*

– *feijão*). Em seguida, a professora diz outra palavra e desafia uma das crianças da outra equipe, e assim sucessivamente.

Este exercício pode ser feito substituindo-se as palavras que formam rima por palavras específicas, que se refiram a classes de objetos (por exemplo: nomes de animais, brinquedos, coisas para comer etc.).

4º EXERCÍCIO

Preparação: Este exercício não requer nenhum material específico.

Desenvolvimento: As crianças devem ficar sentadas em círculo. Ela chama uma criança e diz: "Marcelo, aqui vai um caminhão carregado de frutas! Qual é a fruta?". Imediatamente a criança nomeada deve dar um exemplo de fruta.

Essas ordens são repetidas com outras crianças e a professora pode utilizar outras categorias: brinquedos, comidas, animais etc.

5º EXERCÍCIO

Preparação: A professora deve dispor de uma bola comum.

Desenvolvimento: As crianças ficam sentadas em círculo. A professora joga a bola para uma criança e diz: "Diga uma palavra que começa com *ca*" (ou com outra sílaba). Depois de dizer a palavra, a criança joga a bola para outra, que também deverá dizer uma palavra que começa com a mesma sílaba, e assim sucessivamente, até a bola passar por todas as crianças. A professora pode mudar a sílaba inicial no decorrer do jogo se perceber que está ficando difícil encontrar novas palavras.

6º EXERCÍCIO

Preparação: Este exercício não requer nenhum material específico.

Desenvolvimento: Propor que as crianças cantem melodias nas quais aparecem sílabas repetidas ou rimas. Alguns exemplos de músicas:

Dó, ré, mi...

    Dó – é pena de alguém (as crianças marcham para a frente).
    Ré – é o que anda pra trás (as crianças andam para trás).
    Mi – prenome que não tem (as crianças andam para a direita).

Fá – *a falta que nos faz* (as crianças andam para a esquerda).
Sol – *o nosso astro rei* (as crianças elevam os braços e fazem um círculo grande em frente ao corpo).
Lá – *distante que nem sei* (as crianças apontam para longe e colocam a mão na testa, olhando para longe).
Si – *de sino e de sinal* (as crianças elevam os braços, abrindo e fechando os dedos).
E afinal voltei ao dó.
Dó, ré, mi, fá, sol, lá, si, dó.
Dó, ré, mi, fá, sol, lá, si, dó.

A CANOA VIROU

A canoa virou,
Foi deixada virar,
Foi por causa da...
(nome de uma criança)
Que não soube remar.
Se eu fosse um peixinho
E soubesse nadar,
Eu tirava a...
(o nome da mesma criança)
Do fundo do mar.

A PIPOCA

Uma pipoca puxa o assunto na panela,
A outra vem correndo e vai responder,
Aí começa um tremendo falatório
Que não dá pra ninguém se entender.
É um tal de ploc, ploploc.
Ploc, ploc, ploploc
Ploc, ploc.

GOSTO DE CANTAR

Gosto de cantar
Pois cantar alegra o coração.
Gosto de cantar
Quando é bonita a canção.
Se estou feliz
O meu coração assim me diz
Que cantando eu vou levando *(bis)*
A vida com amor, ô, ô.

A CUTIA

A cutia está com dor de dente
De tanto comer doce quente. *(bis)*
Minha senhora, você queria
Sem ter dinheiro, comprar a cutia. *(bis)*
Lá na casa da minha tia
Tem tantos bichos menos a cutia. *(bis)*
Minha senhora, você queria
Sem ter dinheiro, comprar a cutia. *(bis)*

Marinheiro

Oi, marinheiro, marinheiro só
Quem te ensinou a navegar,
Marinheiro só?
Foi o tombo do navio,
Foi o balanço do mar, marinheiro só.

Escravos de Jó

Escravos de Jó
Jogavam caxangá. (bis)
Tira, põe, deixa ficar.
Guerreiros com guerreiros,
Fazem zigue-zigue-zá. (bis)

Bom dia

Bom dia, minha gente,
Trá-lá-lá
Acabamos de chegar.
Coração que estiver triste
Trate logo de alegrar.
O dia vem surgindo,
Comecemos a brincar.

Chapeuzinho vermelho

Pela estrada afora, eu vou bem sozinha
Levar estes doces para a vovozinha.
Ela mora longe, o caminho é deserto,
E o lobo mau passeia aqui por perto.
Mas, à tardinha, ao Sol poente,
Junto à mamãezinha dormirei contente.

Amizade

Amizade é o que nos une (levantando as mãos para cima)
E nos faz, e nos faz progredir (batem três palmas
para a direita e três para a esquerda)
Lá, lá, lá, lá, lá (com a mesma melodia)
Lê, lê, lê, lê, lê (com a mesma melodia).

NA SALA DE AULA

- A professora avisa as crianças que a classe toda vai contar uma história, um pedacinho contado por cada uma. Ela começa contando um pedacinho de uma história inventada (por exemplo: "Um dia um menino ouviu um barulhinho estranho no fundo do quintal. Bem devagar, ele foi caminhando na direção do barulho e viu, no cantinho do quintal, uma formiguinha que estava chorando..."). Em seguida, ela para e pede que uma das crianças continue a história. Depois de algumas frases, ela pede que a

história seja continuada por outra criança e assim sucessivamente, até que todas as crianças tenham contado alguma coisa.
- A professora pode propor uma brincadeira para ver quem sabe dar recados. Ela chama uma criança, sai com ela da classe e lhe pede, sem que os demais ouçam, para transmitir um recado a um dos colegas (uma ordem para fazer uma sequência de coisas). A criança volta para a classe e dá a ordem combinada ao colega. A correção do recado é avaliada pela ação que o colega executa. Todas as crianças podem transmitir recados, cada uma com um conteúdo diferente.
- A professora propõe uma brincadeira que envolve conversar pelo telefone. Duas crianças ficam na frente da classe e dramatizam uma conversa pelo telefone (desde o toque até desligar o aparelho), em que ambas se cumprimentam, a primeira conta algo para a outra, que faz comentários a respeito, e, no final, as duas se despedem. O tema da conversa pode ser escolhido pela classe. Outros pares de crianças podem ser chamados para encenar a conversa ao telefone.
- A professora lê uma história para as crianças. No final, elas recebem uma folha de papel em branco onde devem desenhar algum aspecto da história e cada criança deve falar a respeito do que desenhou.
- A professora pode pendurar, num varal de barbante, as letras iniciais dos nomes das crianças. Cada criança é convidada a ir até o varal e pegar a inicial de seu nome. Em seguida, elas podem colorir a letra ou copiá-la.
- As crianças poderão colorir o próprio nome escrito no papel.

OBJETIVOS: *Relações familiares, convivência social.*

NA RECREAÇÃO

Material: Os exercícios a seguir não requerem nenhum material específico.

1º EXERCÍCIO

Desenvolvimento: A professora diz uma frase, referente a um membro da família, e as crianças dramatizam as ações do elemento nomeado. Por exemplo, a professora diz: "O vovô está muito velhinho" e as crianças se movimentam pelo pátio imitando o andar e os trejeitos de uma pessoa muito velha; a professora diz: "A mamãe está preparando o jantar" e as crianças imitam uma mãe atarefada, cozinhando; a professora diz: "O bebê está no berço, chorando" e as crianças imitam um bebê deitado e chorando, e assim por diante.

2º EXERCÍCIO

Desenvolvimento: A professora emite comandos e as crianças devem agir de acordo. Ela diz: "Boa noite" e as crianças devem deitar-se no chão, fingindo estarem dormindo; ela diz: "Bom dia" e as crianças devem levantar-se, espreguiçar-se e fazer gestos de lavar o rosto e escovar os dentes; quando ela diz: "Vem chegando um amigo", as crianças devem dar as mãos e cumprimentar-se; se ela diz: "O amigo vai embora", elas devem se despedir e assim por diante.

3º EXERCÍCIO

Desenvolvimento: As crianças ficam sentadas no chão, em círculo, com a professora entre elas. A professora vai descrevendo situações e as crianças devem dizer o que deve ser feito em cada uma delas. Por exemplo, a professora diz: "Vocês estão saindo de casa de manhã bem cedo e encontram a vizinha que mora do lado. O que devem dizer?", ou "Vocês correm pela rua, esbarram num homem e derrubam o pacote que ele tinha na mão. O que devem fazer?", ou "Vocês deixam cair alguma coisa e uma pessoa vem ajudar vocês. O que devem dizer?", ou ainda "É de noite e vocês vão dormir. O que vocês devem dizer ao papai, à mamãe e às outras pessoas que estão na sala?", ou ainda "Vocês estão entrando na escola e um colega de vocês deixa cair o material. O que vocês devem fazer?", e assim por diante.

4º EXERCÍCIO

Desenvolvimento: As crianças ficam sentadas em círculo. Uma criança chama o nome de outra (por exemplo: "Mário"); a criança chamada fica de pé, no meio da roda. As demais cantam, batendo os pés e as mãos:

> Eu vi Mário na chaminé
> Tão pequenininho fazendo café.

É Mário, chá, chá, chá,
É Mário, lá, lá, lá.

Em seguida, a criança que ficou na roda chama outra, que toma seu lugar, e as demais cantam novamente a cantiga, agora com o nome da nova criança. A brincadeira se repete até que todas tenham ficado no meio da roda.

5º EXERCÍCIO

Desenvolvimento: As crianças ficam sentadas em círculo. Algumas fazem mímica, representando tarefas caseiras, e as outras terão que adivinhar o que elas estão representando e quem costuma executar aquela tarefa, na família.

NA SALA DE AULA
- A professora pode criar jogos de encaixe onde estão desenhados os animais adultos e os filhotes, que as crianças devem encaixar corretamente. A professora pode comentar que os animais também têm sua família.
- A professora pode contar histórias sobre famílias de animais e incentivar as crianças a comentá-las.
- Cada criança pode receber uma folha de papel e lápis de cor e desenhar a sua família.
- A professora pode pedir às crianças que recortem, de revistas, fotos de diferentes pessoas de idades diferentes, e as colem numa folha, da mais velha para a mais nova (ou vice-versa), formando uma linha do tempo.
- A professora pode chamar algumas crianças para que se apresentem aos colegas, dizendo seu nome completo e descrevendo sua família, seus animais de estimação, sua casa etc.
- As crianças recortam figuras que representam os elementos de sua família. Em seguida, recebem uma folha com o desenho de uma árvore com círculos na ponta dos galhos (o modelo de uma árvore genealógica). A professora orienta as crianças para que colem as figuras nos círculos, começando pelos avós, no topo, e terminando com as crianças, nos galhos inferiores.

- A professora pode colocar questões que esclareçam as relações de parentesco de uma família: "O que é titia?"; "O que é o irmão do papai?"; "O que é a mãe do papai?; "E a mãe da mamãe?"; "Então, quantas avós nós temos?"; "O que é primo?"; "O que é neto?", e assim por diante.
- Criação de um diário: cada criança recebe um caderno com folhas em branco. A cada dia, a professora solicita que a criança faça um relato do que ocorreu no dia anterior ou no final de semana. A professora escreve no livro o que ocorreu, conforme lhe foi contado pela criança; esta, por sua vez, deve desenhar a situação, embaixo do relato escrito.

OBJETIVO: *Conhecimento do ambiente.*

NA RECREAÇÃO

Material: Para os exercícios a seguir, não é necessário nenhum material específico.

1º EXERCÍCIO

Desenvolvimento: As crianças ficam sentadas no chão, no pátio, de frente para a porta de entrada do prédio escolar. A professora faz uma série de perguntas relativas ao conhecimento das crianças sobre o ambiente escolar: "Quantas janelas há na nossa classe?"; "Quais são os móveis que estão na nossa classe?"; "De que cor são as paredes?"; "De que cor é a escola?"; "Você gosta de vir à escola? Por quê?" etc.

2º EXERCÍCIO

Desenvolvimento: A professora pode levar as crianças a um passeio pela escola, fazendo-as observar e comentar o que estão vendo: as salas, o jardim, o pátio, a cozinha etc.

3º EXERCÍCIO

Desenvolvimento: A professora leva as crianças para um passeio pela vizinhança da escola, fazendo-as observar e comentar como são as casas, as ruas, as plantas, os animais etc.

NA SALA DE AULA

- As crianças são chamadas para relatar o que observaram no passeio pela escola e pela vizinhança, dando detalhes (descrição de casas, de plantas ou de animais vistos durante o passeio). A professora pode expandir a aula fazendo comentários sobre a importância da moradia não só para as pessoas, mas também para os animais.
- As crianças devem relatar informações sobre onde moram: o endereço, o bairro, a descrição da casa, a presença de animais de estimação etc.
- A professora pode solicitar que as crianças descrevam também a rua e o bairro onde moram: a presença de lojas, o tipo de casas, a vizinhança, a presença de plantas e árvores nas ruas etc.
- A professora pode distribuir vários cartões com figuras de animais e pessoas e cartões com diferentes tipos de moradias. Cada criança deverá escolher um animal ou uma pessoa e fazer a correspondência com sua moradia. A professora poderá complementar com perguntas: "Onde moram os peixinhos?", "Onde moram os pássaros?".

REFERÊNCIAS BIBLIOGRÁFICAS

ALVAREZ, A. e DEL RIO, P. (1996). "Cenários educativos e atividade: Uma proposta integradora para o estudo e projeto do contexto escolar". In: COLL, C.; PALÁCIOS, J. e MARCHESI, A. (orgs.). Desenvolvimento psicológico e educação. Porto Alegre: Artmed, pp. 201-221.

ANGELINI, R.A.V.M. (2003). "Um olhar semiótico para o processo de aprendizagem de sujeitos com deficiência mental". Psicopedagogia. 20(61), pp. 17-26.

ARENDT, R.J.J. (1996). "O pensamento de Piaget e Deleuze". Psicologia: Teoria e Pesquisa, 12 (3), pp. 231-236.

BRASIL (1998). Ministério da Educação e do Desporto. Secretaria de Educação Fundamental. Referencial curricular nacional para a educação infantil. Brasília: MEC/SEF, 3 vols.

CAMPOS, M.M. (1994). "Educação infantil no primeiro mundo: Uma visão daqui debaixo do Equador". In: ROSEMBERG, F. e CAMPOS, M.M. (orgs.). Creches e pré-escolas no hemisfério norte. São Paulo: Cortez/ Fundação Carlos Chagas.

CARDIM, C.G. (2001). "Aprender com os jogos e situações-problema" Psicopedagogia, 19 (57), pp. 111-113.

CASTORINA, J.A. *et al.* (1988). *Psicologia genética: Aspectos metodológicos e implicações pedagógicas*. Porto Alegre: Artmed.

CASTRO, A.D. de (1983). *Piaget e a pré-escola*. São Paulo: Pioneira.

CÓRIA-SABINI, M.A. (1998). *Fundamentos de psicologia educacional*. São Paulo: Ática.

CÓRIA-SABINI, M.A. e NEVES, Z.R. (2002). "A cartilha na alfabetização: Por que permanece?". *Psicopedagogia*, 19 (59), pp. 18-24.

CUNHA, M.I. (1989). *O bom professor e sua prática*. Campinas: Papirus.

DIAS, M.C.M. (1996). "Metáfora e pensamento: Considerações sobre a importância do jogo na aquisição do conhecimento e implicações para a educação pré-escolar". *In*: KISHIMOTO, T.M. (org.). *Jogo, brinquedo, brincadeira e a educação*. São Paulo: Cortez.

ELKIND, D.E. (1975). *Crianças e adolescentes*: Ensaios interpretativos sobre Jean Piaget. Rio de Janeiro: Zahar.

GARCIA, R.M.R. e MARQUES, L.A. (1990). *Brincadeiras cantadas*. Porto Alegre: Kuarup.

GARDNER, H. (1994). *A criança pré-escolar*: Como pensa e como a escola pode ensiná-la. Porto Alegre: Artmed.

GARMS, G.M.Z. (1998). "(Re)construindo o trabalho docente na pré-escola: Uma tentativa de intervenção". Tese de doutorado. Marília: Unesp.

GOLBERT, C.S. (1999). "A utilização de jogos psicopedagógicos no ensino da matemática". *Psicopedagogia*, 18 (49), pp. 40-46.

HUIZINGA, J. (1980). *Homo ludens*: O jogo como elemento da cultura. São Paulo: Perspectiva.

KISHIMOTO, T.M. (1996). "O jogo e a educação infantil". *In*: KISHIMOTO, T.M. (org). *Jogo, brinquedo, brincadeira e a educação*. São Paulo: Cortez.

KRAMER, S. (org.) (1991). *Com a pré-escola nas mãos*: Uma alternativa curricular para a educação infantil. São Paulo: Ática.

KRAMER, S. e SOUZA, S.J. (1988). *Educação ou tutela? A criança de 0 a 6 anos*. São Paulo: Loyola.

LURIA, A. R. (1979). *Curso de psicologia geral*. Rio de Janeiro: Civilização Brasileira.

MACEDO, L. (1993). "Para uma psicopedagogia construtivista". *In*: ALENCAR, E.S. (org.). *Novas contribuições da psicologia aos processos de ensino e aprendizagem*. São Paulo: Cortez.

MINISTÉRIO DA EDUCAÇÃO E DO DESPORTO. SECRETARIA DE EDUCAÇÃO FUNDAMENTAL (1998). *Referencial curricular para a educação infantil*, 3 vols. Brasília: MEC/SEF.

MOLL, L.C. (1996). *Vygotsky e a educação. Implicações pedagógicas da psicologia sócio-histórica*. Porto Alegre: Artmed.

MONTEIRO, M.T.L. (1996). "A construção do conhecimento: Uma abordagem piagetiana". *Psicopedagogia*, 15 (36), pp. 6-12.

MORTATTI, M.R.L. (2000). "Cartilha de alfabetização e cultura escolar: Um pacto secular". *Cadernos Cedes*, ano XIX, n. 52, pp. 41-54.

MOURA, M.O. de (1996). "A *séria* busca no jogo: Do lúdico na matemática". *In*: KISHIMOTO, T.M. *Jogo, brinquedo, brincadeira e a educação*. São Paulo: Cortez.

PAGANI, T.S. (2003). "A entrada de uma criança na escola". *Folha de S. Paulo* (Caderno Folha Equilíbrio), 12/6, p. 12.

PAROLIN, I.C.H. e SALVADOR, L.H.S. (2002). "Odeio matemática: Um olhar psicopedagógico para o ensino da matemática e suas articulações sociais". *Psicopedagogia*, 19 (59), pp. 31-42.

PIAGET, J. (1974). "Aprendizagem e conhecimento". *In*: PIAGET, J. e GRECO, P. *Aprendizagem e conhecimento*. Rio de Janeiro: Freitas Bastos.

_____ (1975). *Psicologia e pedagogia*. Rio de Janeiro: Forense Universitária.

_____ (1977). *O julgamento moral na criança*. São Paulo: Mestre Jou.

_____ (1978). *Para onde vai a educação?*. Rio de Janeiro: José Olympio.

PIAGET, J. e INHELDER, B. (1973). *A psicologia da criança*. São Paulo: Difusão Européia do Livro.

PICKARD, P.M. (1975). *A criança aprende brincando*. São Paulo: Ibrasa.

SÃO PAULO (Estado) (1979). Secretaria da Educação. Coordenadoria de Estudos e Normas Pedagógicas. *Subsídios para a implementação do* modelo pedagógico para educação pré-escolar e recursos didáticos para a pré-escola. São Paulo: SE/Cenp.

SELVA, A.C.V. e BRANDÃO, A.C.P. (1998). "Reflexões sobre a aprendizagem da matemática na pré-escola". *Psicologia: Teoria e Pesquisa*, 14 (1), pp. 51-59.

_____ (2000). "A notação escrita na resolução de problemas por crianças pré-escolares". *Psicologia: Teoria e Pesquisa*, 16 (3), pp. 241-249.

SMOLKA, A.L.B. (1989). *A criança na fase inicial da escrita: Alfabetização como processo discursivo*. São Paulo: Cortez/Unicamp.

SOUZA, N.M.M. (1994). "Fundamentos da educação matemática na prática pedagógica do cotidiano escolar: O jogo em questão". Dissertação de mestrado. Marília: Unesp.

TURNER, J. (1976). *Desenvolvimento cognitivo*. Rio de Janeiro: Zahar.

VYGOTSKY, L.S. (1989a). *A formação social da mente*. São Paulo: Martins Fontes.

_____ (1989b). *Pensamento e linguagem*. São Paulo: Martins Fontes.

VYGOTSKY, L.S.; LURIA, A.R. e LEONTIEV, A.N. (1988). *Linguagem. desenvolvimento e aprendizagem*. São Paulo: Ícone/Edusp.

WINNICOTT, D.W. (1975). *O brincar e a realidade*. Rio de Janeiro: Imago

Especificações técnicas

Fonte: Times New Roman 11 p
ZapfHumnst BT 10 p
Entrelinha: 14 p / 13 p
Papel (miolo): Offset 75 g
Papel (capa): Cartão 250 g
Impressão: Paym